라 벨르
에뽀끄

아름다운 시대
라 벨르 에뽀끄

펴낸날 2019년 11월 30일
3쇄 펴낸날 2023년 12월 7일

지은이 신일용
펴낸이 주계수 | **편집책임** 이슬기 | **꾸민이** 전은정

펴낸곳 밥북 | **출판등록** 제 2014-000085 호
주소 서울시 마포구 양화로 7길 47 상훈빌딩 2층
전화 02-6925-0370 | **팩스** 02-6925-0380
홈페이지 www.bobbook.co.kr | **이메일** bobbook@hanmail.net

ⓒ 신일용, 2019.
ISBN 979-11-5858-606-5 (07900)
　　　979-11-5858-603-4 (세트)

※ 이 책은 저작권법에 따라 보호받는 저작물이므로 무단전재와 복제를 금합니다.

만화로 떠나는 벨에포크 시대 세계 근대사 여행

아름다운 시대
라 벨르 에뽀끄

la Belle Epoque

글·그림 신일용

제2권

머 리 말

이 책을 쓰는 (그리는) 동안 많이 받은 질문 중 하나가 이런 거다.
"왜 이 시대에 대해서 쓰는 거지?"
하고 많은 주제가 있는데 왜 역사에 관한 책을 쓰는가, 역사에도 수많은 시대가 있는데 왜 유독 19세기 말에서 20세기 초의 이야기를 다루는가, 이런 의문이겠다.

저명한 역사 다큐멘터리 작가 바바라 터크먼 여사의 말을 인용하여 대답을 대신하겠다. 그녀는 이렇게 말했다.

"자신이 사랑에 빠지지 않은 주제, 스스로 흥미를 느끼지 못하는 주제로 어떻게 다른 사람들의 흥미를 끌겠다는 거죠?"

오래전부터 이 시대는 나의 흥미를 끌었다. '라 벨르 에뽀끄(la Belle Epoque)'라고 불리는 대로 아름답기만 해서가 아니다. 사실 이 시대가 아름다웠던 사람들은 제국 열강의 한 줌도 안 되는 부자와 귀족뿐이었다. 그들에게 식민지배를 당해야 했던 우리 조상들에게는 더 이상 끔찍할 수가 없는 그런 시대였다.

이 시대가 흥미로운 진정한 이유는 그 역동성 때문이다. 근대의 노스탤지어와 현대를 맞는 희망이 뒤섞여 있던 시간, 기득권 계급과 그에 저항하는 새로운 계급이 혼재하던 공간은 무수한 인간 드라마들을 만들어냈다. 이 시대의 이야깃거리는 무궁무진하다. 오히려 아쉬움을 누르고 이야기를 추려내어 이 시대를 총체적으로 이해할 수 있는 사건들만 남기는 작업이 훨씬 힘들었다.

세계사를 다루다 보니 인명이나 지명을 어떻게 표기할 것인가 하는 고민이 따랐다. 애초에 정한 원칙은 현지에서 발음하는 대로 따른다는 것이었는데 결국은 많은 부분을 타협하지 않을 수 없었다. 너무 많은 고유명사가 이미 영미어식 발음으로 잘 알려져서 원어 발음만을 따르기가 만만치 않았다. 당초의 원칙만을 고집했다가는 이 책이 너무 불친절해질지도 모른다는 걱정 때문이었다. 우리 방식으로 이미 익숙해져 버린 이름들도 있다. 예를 들어 우리에게 서태후로 널리 알려진 자희 황태후는 외국에선 자희의 중국어 발음인 쓰시로 부르는 게 보편적이다. 하지만 익숙한 서태후란 이름을 그냥 쓰기로 했다. 또 외국어를 표기하는 중에 프랑스어 철자의 악쌍이나 독일어 철자의 우믈라우트는 전부 생략했다. 프랑스와 독일어판 알파벳 폰트를 찾아서 쓸 수도 있었으나 무시하기로 했다. 그다지 중요하지 않다고 생각한 면도 있지만 고백하건대 타고난 게으름 탓이기도 하다.

대부분의 콘텐츠가 오래된 독서의 결과물들이 뒤섞여 있는 것이라서 굳이 어느 책에서 인용했는지 정리하기 어렵다. 하지만 적어도 아래 몇 권의 책들은 여기에 소개해야 할 것 같다.

- The Guns of August/Babara W. Thuchman/Random House
- The Proud Tower/Babara W. Tuchman/Random House

- In Montmartre/Sue Roe/Penguin Books
- Dawn of the Belle Epoque/Mary McAuliffe/Rowan & Littlefield Publishing, inc.
- Bismarck/Alan Palmer/Endeavour Press Ltd
- The Russo-Japanese War/Sydney Tyler/Madison & Adams Press
- The Russian Revolution/Rupert Colley/William Collins

이에 더하여 위키피디아는 정말로 유용했다. 이 다중지성의 사이트가 없었다면 헷갈리는 팩트를 체크하는 일이 훨씬 더 지루하고 험난한 작업이 되었을 것이다. 이 책의 본문 가운데 삽입된 그림들은 흑백의 아주 작은 사이즈로 처리되어 있다. 스토리의 흐름을 도와주는 역할은 간신히 하고 있지만 그 그림들의 본 모습을 감상하기에는 턱도 없다. 가급적, 아니 반드시, 도록이나 인터넷에서 찾아서 충분한 사이즈의 컬러판으로 감상하면서 읽어주시면 좋겠다.

어느 시대의 역사를 들여다보던 오늘 우리의 상황이 절로 연상되는 일이 적지 않다. 이 '아름다운 시대'의 이야기는 더욱 그러하다. 불과 100~150년 전의 이야기이기도 하지만 인간의 탐욕, 증오, 두려움, 거짓말하는 버릇, 이런 것들이 변하지 않는 인간의 나약한 본성이기에 그런 것 같다. 그 와중에 명예를 지키고 정의를 실현하려 한 사람들도 있었다. 이 역시 오늘 우리가 실낱같은 희망이나마 지니고 살아가는 이유와 다르지 않다.

　사설은 이쯤에서 접고 지금부터 산책하는 기분으로 세계근대사의 현장으로 여행을 떠나보자. 여행 배낭 안에 챙겨야 할 준비물은 지적 호기심 하나면 족하지 않을까 싶다.

2019년 11월　신일용

1권 _____

Chapter 1_ 나폴레옹 조카 나폴레옹
Chapter 2_ 거친 사나이
Chapter 3_ 비스마르크의 덫
Chapter 4_ 끔찍한 한 해
Chapter 5_ 빠리, 새로 짓다
Chapter 6_ 사쿠라 피다

3권 _____

Chapter 12_ 1900 무렵 올림픽
Chapter 13_ 언덕 위의 구름
Chapter 14_ 아듀, 몽마르트르
Chapter 15_ 그해 8월
Chapter 16_ 마지막 짜르

Contents

머리말 / 4

Chapter 7_ 그 시대의 아방가르드 / 11

Chapter 8_ 그 시대의 쎌럽 / 63

Chapter 9_ 부수는 자들 / 129

Chapter 10_ 나는 고발한다 / 181

Chapter 11_ 여름의 마지막 장미 / 249

Chapter 7

그 시대의 아방가르드   인상주의

영속성과 지속성에 대한 순간의 우위,
모든 것은 어쩌다 일시적으로 그렇게
놓여있을 뿐이라는 느낌,
두번 다시 발 디딜 수 없는 시간의 강물 위로
사라져가는 하나의 물결이라는 말로
표현할 수 있을 것이다.
-아놀드 하우저, '문학과 예술의 사회사'
 인상주의에 대해서.

아방가르드(Avant-garde), 원래 군대용어이다.
본대에 앞서서 먼저 위험을 감수하는 전위부대.

이걸 예술계에서 빌려다 썼다. 전위예술이라고.
앞서 나간다는 뜻이겠지.

전위예술이라고 하면 무엇이 떠오르는가?
1917년 엥데빵당전에 마르셀 뒤샹이라는 사람이
시중에서 파는 변기를 출품했다.
'샘'이라는 제목을 붙여서.
센세이셔널하고 엽기적인 사건이지.
이정도는 되어야 전위예술이라고 할 수 있을까?

아니면 아무렇게나 물감을 뿌린 것 같은
잭슨 폴록의 작품?

Chapter7. 그 시대의 아방가르드

하긴 예술에서 모든 새로운 사조는
그 이전의 시각으로 보면
아방가르드인거지.

지나치게
전위적이군.

19세기말 벨르 에뽀끄 시대에 빠리를 중심으로
새로운 그림을 그리기 시작한 화가들도 그 시절의
아방가르드였다.

그의 저서 '문학과 예술의 사회사'에서 아놀드 하우저는
이런 말을 했다.

19세기 후반은 회화가
문학과 음악을 압도한
시대이다.

하긴 문학과 음악에서도 새로운 풍조들이
등장하긴 했지만 회화에서만큼 강렬하고 활발하지는
않았던 것 같다.
굳이 혁명적이란 소리를 들을 수 있는 아방가르드를
꼽으라면 음악에서 바그너 정도랄까.

19세기 후반, 회화 부문에서 여러가지 새로운 시도들이 있었으나,

"우리 시대 농촌의 모습을 있는 그대로 그려야 한다구."

"우리 사회의 어두운 부분도 사실적으로 기록해야지."

가장 활발하고 지속적이었던 움직임은 인상주의 회화였다.

인상주의와 이에 이어진 일련의 유파를 끝으로 일반인이 직관적으로 아름답다고 느낄 수 있는 그림의 시대는 끝났다고 해도 과언이 아니다.

난해한 비구상이나, 아놀드 하우저의 말을 다시 한번 빌리자면 부드러운 조화와 아름다운 색조를 거부하는 근본적으로 '보기 싫은' 미술의 시대가 펼쳐진다.

Chapter7. 그 시대의 아방가르드

혹시 장레옹 제롬이라는 화가를 아시는지?

씨저의 죽음이나 글레디에이터 같은 로마시대의 역사를 소재로 한 그림을 많이 그린 거장이다.

**Jean-Leon Gerome
(1824~1904)**

잘 모르겠다고?
그렇다면 이 사람은 들어봤나?
알렉상드르 까바넬.

이 화가의 이름은 못 들었어도 이 그림은 어디선가 본 적이 있을지 모른다. '비너스의 탄생'.
아마 보티첼리의 비너스의 탄생 다음으로 유명할 걸.

**Alexandre Cabanel
(1823~1889)**

# Chapter7. 그 시대의 아방가르드

쟝-루이-에르네스트 메쏘니에라는 긴 이름의 화가는 들어보셨는가?

Jean-Louis-Ernest Meissonier (1815~1891)

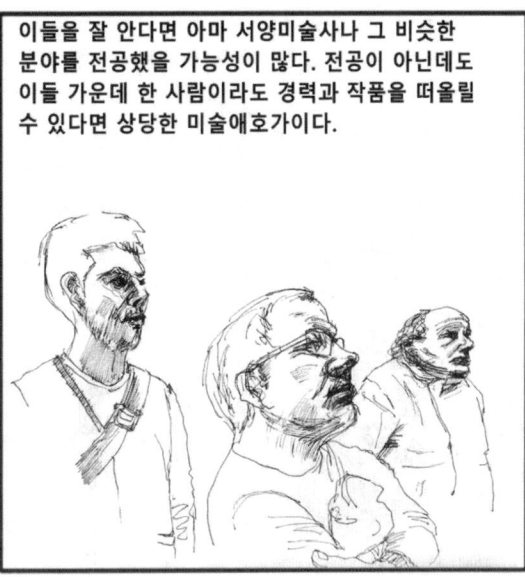

이들을 잘 안다면 아마 서양미술사나 그 비슷한 분야를 전공했을 가능성이 많다. 전공이 아닌데도 이들 가운데 한 사람이라도 경력과 작품을 떠올릴 수 있다면 상당한 미술애호가이다.

오늘날에 이르러 대중들에게 잊혀졌지만 이들은 19세기 후반의 프랑스 미술계를 장악하고 있던 화가들이다. 이들의 그림을 인터넷에서 검색하여 큰 화면의 칼라로 감상해보기 바란다.

(감상하고 올 시간을 드린다.)

감상해본 소감이 어떤가?
이들은 대단히 그림을 잘 그리는 사람들이라는 걸 알 수 있다. 붓놀림이 정교한데다 비례가 딱딱 맞는다. 그렇다면 열정이 부족했냐? 천만의 말씀. 메쏘니에 같은 이는 나폴레옹을 존경하여 그와 관련된 그림을 많이 그렸는데 이런 그림을 하나 완성하기 위하여 직접 집에서 말을 기르며 수백장의 스케치를 했고 진흙길을 제대로 표현하기 위하여 물을 붓고 말을 지나가게 하는 실험을 수십번 씩 했던 완벽주의자이다.

이들 아카데미 거장들은 주로 역사의 한 장면, 그리스나 로마의 신화, 아니면 이국적 느낌을 주는 오리엔탈리즘 등 현실의 일상을 제외한 모든 장렬한 것에서 소재를 찾았다.

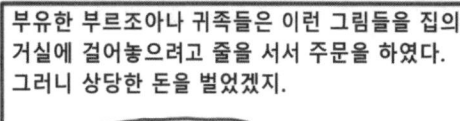

Chapter7. 그 시대의 아방가르드

가장 결정적인 것은 이들이 직접 심사위원을 맡거나 문하생을 통하여 쌀롱전의 심사를 맡았으니 프랑스에서 그림으로 밥을 먹고 살려는 자들은 이들의 취향을 따라야만 했겠지.

여기서 권력이라 것에 대하여 생각해보게 된다. 때로 국가 권력보다 작은 사회에서의 권력이 더 무섭고 잔인할 때가 있다.
국가권력은 지켜보는 눈이 많아 그나마 견제를 받지만 작은 조직에서의 권력자들은 견제없이 권력을 휘두르는 사태가 벌어진다.
그래서 무슨 무슨 체육협회, 예술연맹 이런 단체들이 문제를 일으키는 걸 자주 보게 되는데,

저 자식, 져주라고 그랬더니!

19세기 후반 프랑스에서 미술 아카데미의 권력이 그런 식으로 느껴지지 않았을까?

이 아카데미 권력에 반기를 들고 나선 집단이 바로 인상주의 화가들이었다.

어째서 저런 거창한 것들만 그려야 하는거지?

 Chapter7. 그 시대의 아방가르드

터너나 밀레나 꾸르베 모두 실내가 아닌, 태양으로부터 직접 쏟아지는 외광을 중요시 했던 화가들이다.

이점이 밖에서 스케치를 하더라도 실내에서 차분히 그림을 완성시키는 스튜디오 방식을 고집하던 아카데미 화가들과는 확연히 달랐다.
아카데미는 지금도 미술시간에 가르치는 이런 정적인 명암이론에서 한발짝도 움직이려고 하지 않았거든.

이 아카데믹 그림을 거부한 새로운 집단의 화가들은 화구를 챙겨들고 바깥으로 나갔다. 그리고 야외의 현장에서 그림을 완성했다.

우리는 믿는다.

자연의 빛이야말로 우리 예술을 해방시킬 수 있다고!

왜 스튜디오 안에 갇혀서 그림을 그려야 해?

사실 이들이 스튜디오 밖에서 그림을 완성할 수 있었던 데는 기술적 요소도 기여를 했는데 예를 들면 새로 발명된 튜브 물감 같은 것이다.

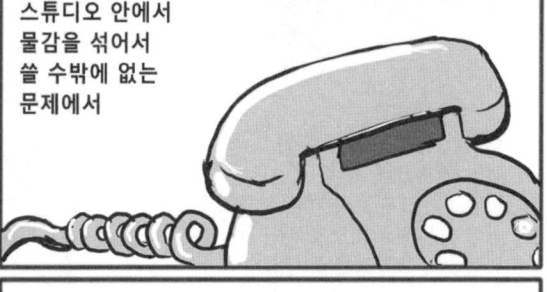

스튜디오 안에서 물감을 섞어서 쓸 수밖에 없는 문제에서

해방된거지.

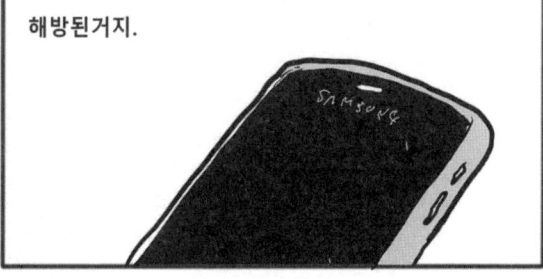

라 벨르 에뽀끄

이들 외광을 중요시하는 화가들은 거친 빛의 효과를 표현하면서 야외에서 서둘러 완성해야 했기에 이런 거친 붓 터치를 남겼다.
가까이에서 보면 어지러운 붓자국만 보일 뿐,

거리를 두고 보아야 윤곽이 드러나는 이런 기법은 붓자국을 말끔하게 정리하던 아카데미 화법에 익숙하던 대중들에게 받아들여지지 않았다.

이렇게 성의없게 그리다니.

오, 나의 그리스여, 로마여~

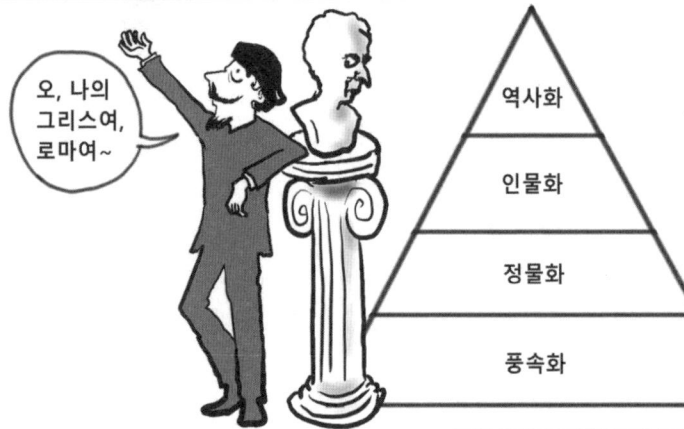

역사화
인물화
정물화
풍속화

아카데미 시대에는 그림의 소재에도 눈에 보이지 않는 등급이 있었다. 최상위에는 성경이나 역사의 장면을 그린 그림이 차지하고 있고 그 다음에 인물화 정도 까지가 고상한 그림의 소재였다. 정물화가 그 밑에 있었고 일상의 풍속을 그리는 것은 가장 밑바닥의 환쟁이나 할 일이었지.

하지만 때는 19세기 후반 벨르 에뽀끄의 시대, 산업화와 도시화의 거센 파도가 세상을 바꿔놓고 있을 때였다. 인상주의 화가들은 도시의 바로 이 시간 현재의 생동감을 표현하고 싶어했다.

삐에르-오귀스뜨 르노아르
선상파티의 식사
1881

 Chapter7. 그 시대의 아방가르드

모네는 빠리의 생 라자르역의 그림을 여러 장 남겼다. 당시는 철도와 기차가 19세기말 산업화의 상징처럼 여겨지던 때였으니 모던하고 도시적인 소재를 좋아하던 인상주의 화가들이 놓칠 수 없는 소재였다.

물론 아카데미 화가들이라면 절대로 그리지 않을 천박한 소재였지.

끌로드 모네
생 라자르역, 노르망디 열차의 도착
1877

이건 노골적으로 도시적이고 부르조아적인 그림이다. 전형적인 중산층 차림의 커플이 대단히 도회적인 소재들에 둘러싸여 있다.

가로등, 포석이 깔린 번들가리는 길, 마차, 높은 건물, 박쥐우산...

귀스따브 까이유보뜨
빠리의 거리 ; 비오는 날
1877

이런 소재들이야 그냥 한 마디하고 넘어가겠는데 아카데미 화가들과 추종자들을 경악하게 한 그림이 따로 있었으니,

참으로 천박한 취향이로고...

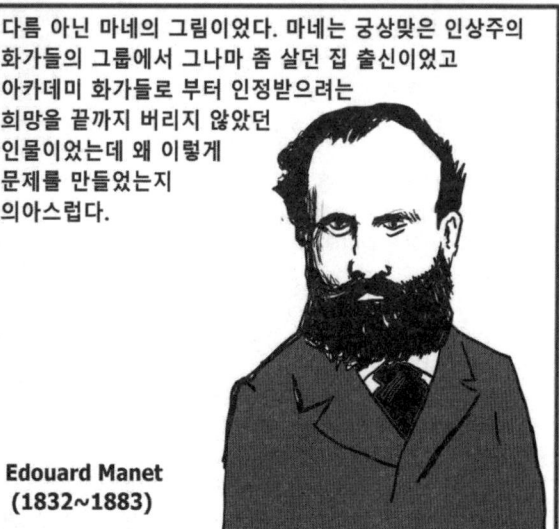

다름 아닌 마네의 그림이었다. 마네는 궁상맞은 인상주의 화가들의 그룹에서 그나마 좀 살던 집 출신이었고 아카데미 화가들로 부터 인정받으려는 희망을 끝까지 버리지 않았던 인물이었는데 왜 이렇게 문제를 만들었는지 의아스럽다.

Edouard Manet
(1832~1883)

바로 유명한 이 그림이다.
왜 이 그림은 점잖은 미술애호가들의 분노를 샀을까?
풀밭에 앉아있는 여자의 누드 때문이었지.

역겹군.
뻔뻔스럽게도
저 발가벗은 여자가
관객 쪽을 빤히
쳐다보고 있어.

에두아르 마네
풀밭 위의 식사
1863

아니, 이전에도 여자의 누드는 숱하게 그림의 소재가 되어왔는데 왜 이게 문제가 된다는거지?
문제는 누드가 놓여진 상황이다.
두 남자는 완전한 정장을 하고 공원으로 소풍을 와 식사를 할 참이다. 이런 설정에서 여자만 발가벗겨 놓았다는 것.
이 상황 때문에 당시의 사람들은 이 그림을 예술적 누드화라기보다 포르노에 가깝다고 느꼈다.

더 불쾌했던건 이 그림의 모티브를
아카데미 화가들의 영역인 그리스 신화에서
따와서 이런 불경스러운 그림으로
바꿔놓았다는거야.
호머의 일리아드에 이런 이야기가 나오지.
트로이 왕자 패리스가 신들의 잔치에서
가장 아름다운 여신을 선택하여 황금사과를
바치게 되었는데 경쟁이 붙은 세 여신
헤라, 아테나, 아프로디테(비너스)가 각각
패리스를 뇌물로 유혹을 했겠지.
패리스왕자는 가장 아름다운 여인을 얻게
해주겠다는 아프로디테의 제안을 선택하여
그리스의 유부녀 헬렌을 얻게 되지만
탈락한 나머지 여신들의 저주로
그리스와 전쟁이 벌어져 트로이가 멸망하게
된다는 이야기.
패리스가 아프로디테를 택하여 황금사과를
주는 장면을 그린 16세기 이탈리아 작가
마르칸토니오의 판화의 일부분을 따와서
풀밭 위의 식사라는 제목으로 패로디 한 것이다.
그것도 아카데미 화가들의 대작처럼 2미터X2.6미터의 거대한 캔버스에다가.

마르칸티노 라이몬디
패리스의 선택 (부분)
1515

Chapter7. 그 시대의 아방가르드

'풀밭 위의 식사는 당연히 그해의 쌀롱전에서 탈락되었다.

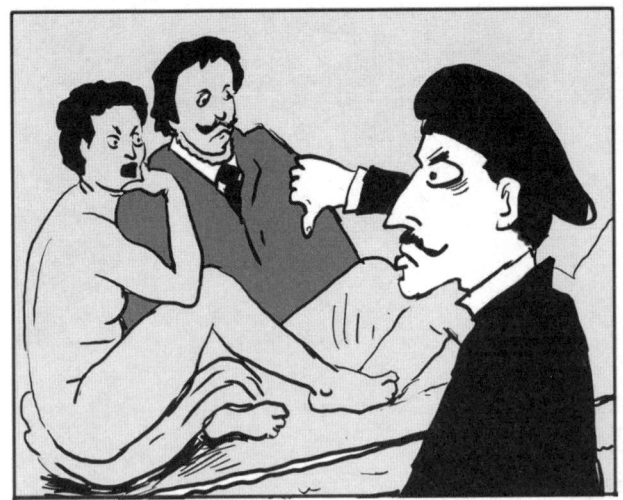

원래 쌀롱전은 출품작의 절반 정도를 탈락시켰는데 1863년 그해에는 유독 더 빡빡했다는거야.

반품 택배비라도 좀 물어주지...

낙선

쌀롱전에 채택되어도 벽에다 3층, 4층으로 빽빽하게 걸어놓아 무명화가의 그림은 찾기도 힘들었는데,

그나마 그 기회도 잃은 화가들의 원성이 대단했다.

그래도 대중들에게 평가받을 기회는 줘야 되는거 아니야?

그러게 말이유.

모델 빅또린느 뫼랑

이 원성이 나폴레옹 3세의 귀에까지 들어갔다.

흠흠, 오랫만의 출연이군.

그렇다면 낙선작들만 모아서 따로 전시회를 열어주게. 대중들의 심판을 직접 받고 싶어한다니까.

이렇게 해서 1863년에
'낙선자전시회'가 처음이자
마지막으로 열렸고 마네, 쎄잔,
피사로 같은 이단아들이 참가하였다.
아카데미에 대한 반발이 처음으로
공식화된 셈인데 사람들이
호기심으로 찾아와 '풀밭 위의 식사'
앞에서 욕을 한마디씩 하고 돌아갔다.

그런데 에두아르 마네가 사고를
한번 더 쳤다.
1865년 쌀롱전에 한 작품이
걸리게 됐는데 바로 이 그림이다.

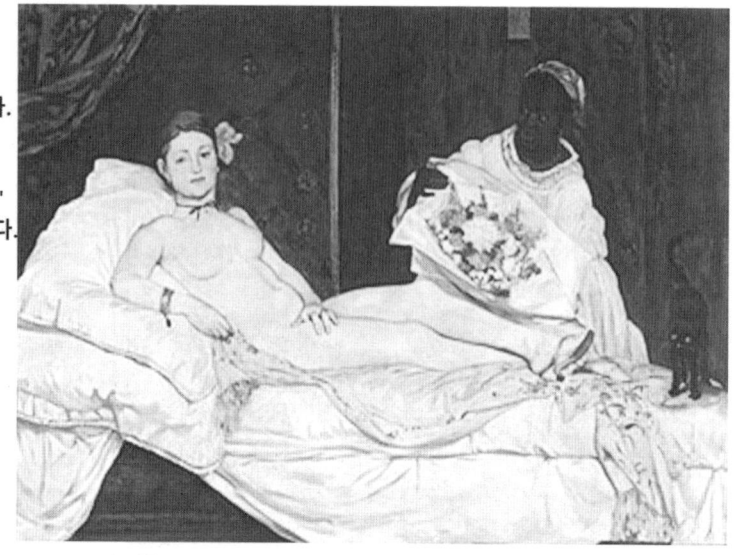

에두아르 마네
올랭삐아

이 그림에는 전작 '풀밭 위의 식사'보다 더한 비난이 쏟아졌다.
그 시대 빠리에 사는 남자들이라면 딱 봐도 매춘부와 고객이 보낸 꽃다발을 전달하는 하녀라는 설정을
알아챌 수 있었기 때문이다. 일단 올랭삐아가 당시 매춘부를 부르는 은어였고,

머리에 꽂은 난초꽃,

정면을
응시하는
도발적 시선,

목에 묶은 검은 리본,

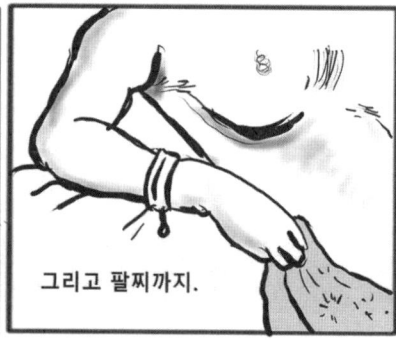

그리고 팔찌까지.

거기다 하녀의 오른편 구석에
눈에 잘 뜨이지 않는
검은 고양이가 한마리 있는데
사람들은 이렇게 수군댔다.

고양이의 꼬리가
발기한 그것을
상징한다는거야.

 Chapter7. 그 시대의 아방가르드

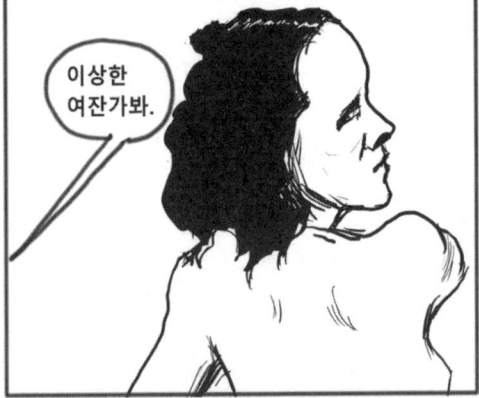

풀밭 위의 식사와 같은 모델이라는게 알려지자 모델을 서준 죄밖에 없는 마네의 단골 모델 빅또린느 뭬랑까지 도맷금으로 욕을 먹었다.

이상한 여잔가봐.

그렇다면 마네는 요즘 말로 노이즈 마케팅을 한 것인가? 마케팅 목적만은 아니라고 본다. 마네는 자기만의 방법으로 기존 아카데미와 다른 노선을 선언한 것이라고 본다. 이런 이야기를 하고 싶었을 것이다.

당신들 한물 간 신화와 성경과 역사의 장면들만 허구한 날 그려대는데 그거 이제 지겹지도 않소?

후에 인상주의로 불리게 될 일군의 화가들이 마네를 추종했다. 하지만 마네는 이들과 많은 교류를 하면서도 스스로를 한번도 인상주의 화가라고 생각하지 않았던 것 같다.
마네는 1874년부터 1886년까지 여덟 차례 열린 인상주의 전시회에 단 한 번도 참여하지 않고 끝까지 쌀롱전에서 인정을 받으려 했다.

끌로드 모네
(1840~1926)

오귀스뜨 르노아르
(1841~1919)

베르뜨 모리소
(1841~1895)

당시 센세이션을 일으켰던 마네의 두 작품을 이야기한 것은 소재의 혁신을 설명하고자 함이었다.
요점을 정리하자면 마네와 그를 따르는 화가들이 자연상태 태양광의 효과를 중요시 했고 그림의 소재를 아카데미 화가들과는 전혀 다른 관점에서 선택하기 시작했다는 것이다.

아카데미 화가들이라면 이 그림처럼 아낙네와 아이가 파라솔이나 쓰고 서있는 장면 따위는 시시해서 그림으로 남길 필요가 없다고 생각했겠지.
하지만 그게 다가 아니다. 지금부터 이야기할 것은 이 그림에서 볼 수 있는 과감한 앵글과 파격적인 구도에 관한 것이다.

인상주의 화가들이 즐겨 사용한 이런 과감한 구도와 터치에는 두가지 새로운 문물의 영향이 있었다.

끌로드 모네
파라솔을 쓴 여인
1875

하나는 당시에 널리 퍼지기 시작한 놀라운 발명품
.
.
.
사진의 영향이다.

1840년이 되기 전에 프랑스의 무대미술가 루이 다게르는 카메라 옵스큐라에 투영된 빛을 감광판에 고정시켜 제대로 된 사진을 얻어내는데 성공했다.

Louis Daguerre
(1787~1851)

초기에는 긴 노출시간이 필요하여 건물이나 정물만 찍을 수 있었으나,

장비도 소형화되고 노출시간도 짧아지면서 1860년에 이르러서는 이렇게 빅토리아여왕의 초상사진을 찍을 정도가 되었다.

루이 다게르
땅뿔가(Blouvard du Temple)
1838

J.J.메이올
빅토리아여왕
1860

Chapter7. 그 시대의 아방가르드

1861년에는 미국에서 남북전쟁이 일어났다.
최초의 종군사진가들이 전쟁의 참상을 기록으로 남겼다.

이 시대의 유명인 가운데도 사진에 심취한 인사들이 많았다. 에밀 졸라는 상당한 수준의 아마츄어 사진가였는데 비록 외도로 얻은 아이들이지만 사랑을 담아 자끄와 데니즈를 찍은 사진들이 많이 남아있다.

영국작가 르위스 캐롤도 사진애호가였다.

그의 작품 '이상한 나라의 앨리스'의 모델인 옆집 아이 앨리스 리델을 직접 찍은 사진이 남아있다.

벨르 에뽀끄 시대에 널리 실용화된 사진술 덕분에 이 책에 등장하는 대부분의 인물들을 상상이 아닌 사진자료를 통하여 그릴 수 있는거지.

당대의 신문명에 민감했던 인상주의 화가들은 사진이 갖고있는 순간의 미학이나 빛의 미묘한 작용, 기록적 특성들을 흘려보내지 않았다. 의식 또는 무의식적으로 자신들의 그림에 도입하였다.

카메라라는 기계의 프레임 안에서 이루어지는 대담한 클로즈업 같은 파격적 구도도 영향을 미쳤다.

로트렉/써커스의 말타는 여자/1888

모네/트루비유 해변/1870

또 하나의 충격은 동양에서 왔다.

펠릭스 브라끄몽은 판화가이자 도자기그림을 그리는 화가였는데, 하루는 일본에서 온 도자기 짐을 풀다가

놀라운 것을 발견하였다.

원더풀!!

그를 놀라게 한 것은 도자기가 아닌 도자기가 깨지지 말라고 싸놓은 구겨진 종이였다.

거기에 그려진 일찍이 본 적이 없던 참신한 그림, 우키요에였다.

Chapter 7. 그 시대의 아방가르드

브라끄몽은 인상주의 화가들과 친했기에 도자기를 쌌던 우키요에가 이들에게 퍼지게 되었다는 얘기.

드가 와우!! 모네

이런 드라마틱한 일화는 대개 좀 부풀리거나 나중에 끼워다 맞춘 경우가 많아 액면 그대로는 믿지 않는 것이 좋다.

이 이야기의 진위야 어찌됐던 우키요에가 빠리의 신진화가들에게 유행을 불러일으키고 그들의 화풍에 큰 영향을 끼친 건 사실이다.

자뽀니즘(일본풍)이라는 말이 유행할 정도로.

우키요에란 17세기 후반부터 시작되어 18, 19세기에 에도를 중심으로 유행했던 서민들의 그림이었다.
우키요(浮世)란 떠도는 세상 즉, 현실의 속세를 뜻하는 말이고 에(絵)는 그림이란 뜻이니 종교적인 극락이나 고상한 귀족생활이 아닌 현세의 바닥을 묘사하고 즐기는 그림이 되겠다.

우타마로
요시와라(에도에 있는 공창)의 꽃
1790년경

예전에는 새해만 되면 어김없이 커다란 달력을 벽에다 걸어놓곤 했다.

1973 근하신년
시계 보석은 명보당

정월에는 대개 색동한복을 입은 여인이 등장했고,

8월쯤에는 시원한 비키니를 입은 글래머 여인을 보며 좋아라 했다.

우키요에도 이런 비슷한 역할을 했다.
서민들의 집이나 우동가게 같은 곳에 붙여놓았겠지.

그럴 수 있었던건 우키요에가 목판화로 제작되어 손으로 일일이 그린 그림보다 싸게 공급할 수 있기 때문이었지.

때로는 아이돌 브로마이드 역할도 했다.

가부키 극의 인기 배우들을 찍어내서 장사를 했는데 이 분야의 유명작가가 샤라쿠였다.

도슈사이 샤라쿠
'다케무라 사다노신을 연기하는 이치가와 에비조'
1794년

우리나라 어떤 교수님이 샤라쿠의 정체가 단원 김홍도라고 주장한 적이 있는데 이걸 진짜로 믿는 사람들이 있는가보다.
샤라쿠는 딱 1년만에 많은 작품을 생산하고 사라졌는데 이 기간 동안 조선에서 김홍도의 활동이 없었다는거야.
상상력이 풍부한 재미있는 이야기라는 점은 인정하지만 학문적 근거는 매우 빈약해 보인다.

단원 김홍도
자화상

 # Chapter7. 그 시대의 아방가르드

잘 알다시피 우키요에는 포르노 분야까지 진출했다.

슝가(춘화)
자체검열 완

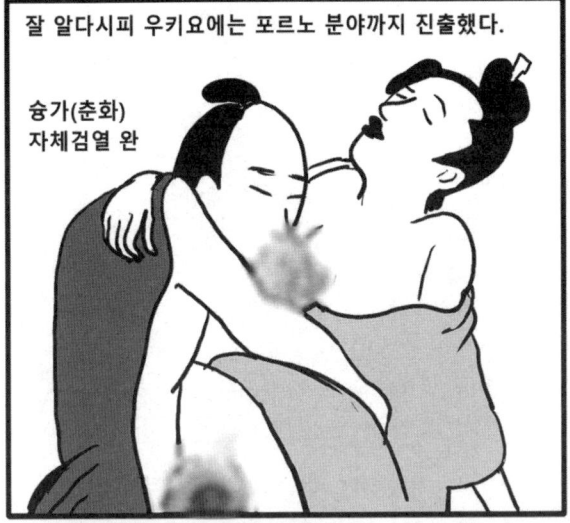

목판화의 한계때문에 그럴 수 밖에 없기도 했지만 우키요에의 단순한 선과 색감, 대담한 구성은 인상주의 화가들을 매료시켰다.

호쿠사이/가나가와의 큰 파도/1831

마네는 자신의 옹호자 에밀 졸라의 초상을 그리면서 서재의 벽에 우키요에를 등장시켰고,

에두아르 마네
에밀 졸라의 초상
(상단 부분)
1868

빈센트 반 고흐는 아예 우키요에를 베끼기도 했다. 서툰 한자까지 유화 붓으로 따라 써가며.

빈센트 반 고흐
꽃피는 매화밭
1887

끌로드 모네는 지베르니에 정원을 가꾸며 살 때 일본식 다리를 본따 지어놓고 이를 즐겨 그렸고

수련과
일본다리
1899

얼마나 자뽀니즘에 빠졌는지 일본 옷을 구해서 부인에게 입혀놓고 그리기도 했지.

기모노를 입은 모네부인
1875

로트렉이 그린
술집 포스터나
고흐의
이런 그림을 보면
그 구도나
색감에서
우키요에의 영향을
단박에
알아챌 수 있다.

뚤루즈 로트렉
아리스띠드 브뤼앙
1892

빈센트 반 고흐/석양의 씨 뿌리는 사람/1888

요컨대, 아카데미에 대한 마네의 반란에 동조하여 고리타분한 소재에서 벗어나 산업화, 도시화가 벌어지는 오늘의 현장을 그리고자 하고

무슨 사극 영화간판 그리세요?

태양광의 효과를 중시하여 실내 스튜디오를 벗어나 야외에서 작업하기를 즐기고

사진과 우키요에의 영향을 받아 과감한 구도와 색감을 구사하는 일단의 비주류 화가들이 모여서 스스로의 전시회를 열기로 했는데, 1874년의 일이었다.

이 첫 전시회에 참가한 주요 멤버는 숙녀로부터 시계방향으로 베르뜨 모리소, 끌로드 모네, 뽈 쎄잔느, 알프레드 시슬리, 까미유 피사로, 에드가 드가, 오귀스뜨 르노아르 등등.

마네는 쌀롱전을 계속 노렸고 프레데릭 바지유는 1편에서 벌써 죽었지.

Chapter7. 그 시대의 아방가르드

풍자를 전문으로 하던 샤리바리라는 신문의 루이 르로이라는 늘그막한 기자가 행동책으로 나섰다.
그 자신 판화를 제작하기도 하고 연극대본도 쓴, 나름 다재다능한 문화인이었는데 말년에 이 '무명화가, 조각가, 판화가 전시회'를 방문하고 쓴 너무 강렬한, 그러나 다소 경솔한 한 편의 비평기사 때문에 세계미술사에 그닥 자랑스럽지 않은 이름을 남기고 말았다.

루이 르로이
(1812~1885)

그가 시비를 걸고 넘어진 작품은 모네가 출품한 이 르아브르항구의 해뜨는 풍경을 그린 그림이었다. 모네가 붙여놓은 제목은 이랬다.

인상, 뜨는 해.

끌로드 모네
일출의 인상
1872

루이 르로이는 신문에 이렇게 풍자기사를 썼다.

"인상이라, 분명히 인상은 인상이네.
내가 인상을 받았으니까.
분명히 인상은 인상이지.

얼마나 제 멋대로이고 얼마나
태만한 솜씨인가!
벽지 만들려고 그린 밑그림도
이 그림보다는 완성도가 높을걸.

그래,
이제부터는 이 자들을
<인상주의자>라고 불러주자."

이 기사로부터 인상주의(Impressionism)라는 말이 만들어진 건 많이들 아는 사실이고.

권력이 없는 자를 비웃고 깔아뭉개긴 쉬운 법이다. 하지만 권력을 비웃으면 당대에 힘들면 그만이지만 권력이 없는 자를 비웃으면 두고두고 우스워지는 수가 있으니 힘없는 자를 뭉갤 때는 한번 더 생각해 보는 편이 좋다.

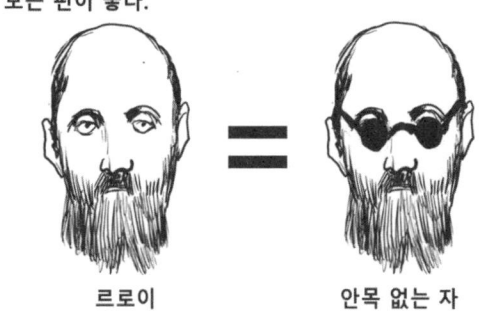

르로이   안목 없는 자

르로이는 기사 하나 경솔하게 쓴 죄 밖에 없지만 실제로 인상주의 화가들을 집요하게 괴롭힌 비평가는 따로 있었다. 바로 알베르트 볼프.

Albert Wolff
(1835~1891)

젊어서 대문호 알렉상드르 뒤마의 비서로 일하기도 했던 그는 지금도 프랑스 제일의 권위지인 '르 피가로'에서 수석문화비평가의 직책을 맡고 있었다.
프랑스미술사 전문가였으며 아카데미 미술의 열렬한 옹호자였던 만큼 인상주의 화가들과 그 운동에는 혹독했다.

Chapter7. 그 시대의 아방가르드

마네의 동생 외젠 마네가 모리소의 남편이었다. 인상파 화가들 중 집안이 먹고 살만 했던 사람은 단 두 사람, 에두아르 마네와 베르뜨 모리소였다. 드가네 집도 좀 살았다는데 동생 사업에 빚보증을 섰다가 다 날려먹어서 빈털터리가 됐다고 한다. 베르뜨 모리소는 유복한 부르죠아 집안이었고 마네의 부친은 판사, 외할아버지는 외교관이었다. 끼리끼리 혼맥이 연결된거지.

그런데 에두아르 마네가 제수씨를 흠모하지 않았나 싶다.
부채를 든 모리소, 휴식을 취하는 모리소, 제비꽃을 들고 있는 모리소, 딸과 함께 있는 모리소 등등등등 수십장의 그림을 그렸다.
직업모델이라면 모를까, 연정이 없는 한 한 여자를 이렇게 많이 그리지 않는다. 그냥 개인적인 생각이다.

Chapter7. 그 시대의 아방가르드

이 곡은 바이올린을 연주하지 않는다. 당기고 찢고 패대기쳤다. 협주곡은 러시아 휴일의 무도하고 비참한 쾌락으로 우리를 몰고간다. 야만적이고 천박한 민낯을 드러내고 보드카 냄새가 진동을 했다.

그리고 핸슬릭은 이렇게 최후의 일격을 가했다.

차이코프스키의 바이올린 협주곡은 음악이 때로는 썩은 소리를 낼 수도 있다는 걸 일깨워 주었다.

차이코프스키는 게이라는 콤플렉스를 평생 짊어지고 살았던 사람이다. 워낙 소심했던 사람이었던지라 그가 입은 상처는 엄청났으리라.

당시 유럽 음악의 중심지는 비엔나였다. 그곳의 권좌에 앉아있던 핸슬릭으로서는 유럽의 변방 러시아에서 온 작곡가 하나 쯤이야 대수롭지 않았을지도 모른다.

그러나 그런 권좌에 있을수록 독설을 조심해야 한다. 150년이 흐른 오늘날에도 이 협주곡에 감동하고 열광하는 전세계의 음악애호가들을 보면 핸슬릭은 뭐라고 할까?

그를 만나면 꼭 한번 물어보고 싶다.

도대체 차이코프스키 바이올린 협주곡 어느 부분에서 보드카 냄새를 맡으셨어요?

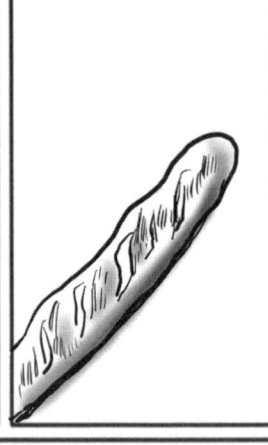

Chapter7. 그 시대의 아방가르드

공꾸르문학상으로 유명한 에드몽 공꾸르가 한 번은 드가가 낀 일행과 저녁식사를 함께 했었나보다.

드가의 독설이 얼마나 인상 깊었던지 이렇게 쓴 일기가 전해온다.

저 위선자가 친구에게 식사를 푸짐히 대접 받으면서도 저녁 내내 그 친구의 심장에 수천개의 비수를 꽂는 광경을 지켜보는건 대단한 경험이었다.

까칠했던 만큼 예술가로서의 자부심이 대단했고 죽을 때까지 독신으로 살았다.

예술가는 혼자 살아야 해. 사생활을 드러내서도 안되고.

이에 반해 르노아르는 스스로를 예술가라기보다 장인으로 생각했던 듯 하다.

르노아르는 양복 재단사를 아버지로 둔 전형적인 노동자 계급 출신이었다. 그는 도자기에 무늬를 그려넣는 일을 직업으로 하다가 재능이 있어 화가로 진출하게 되었는데 생계를 위하여 그림을 그린다는 인식이 철저했다.

자신의 그림 물랭 갈레뜨의 무도회가 1990년에 7천8백만불에 팔렸다는 소식을 저 세상에서 들었다면 무슨 생각을 했을까?

삐에르-오귀스뜨 르노아르
물랭 갈레뜨의 무도회
1876

루앙성당 연작
1892~1894

Chapter7. 그 시대의 아방가르드

궁상과 엄살의 대표선수를 꼽으래도 역시 끌로드 모네다.

"그림이 빨리 팔려야 해. 애들이 몇끼째 굶고 있다네."

"벌써 또?"

화상 듀랑 루엘

첫 부인 까미유와 사별하고 파산한 후원자 에르네스트 호셰데의 마누라를 맞아들였는데 양쪽 집을 합해서 여덟명의 아이들을 부양해야 했거든.

이 가운데 친아들 장은 호셰데의 딸 블랑슈와 결혼했지. 만년의 모네를 돌본건 블랑슈였다.

그런데 엄살이 버릇이 되었나보다,
1890년 이후에는 그림도 제법 팔리고 빠리에서 멀지 않은 지베르니에 땅을 사서 정원을 가꾸고 살만큼 여유가 있었는데도 투덜대는 건 여전했다.
그리고 만년에는 백내장이 걸려 수련을 온통 빨갛게 그리다가 세상을 떠났다.

"돈이 너무 들어가요."

"무식한 이웃들이 또 민원을 제기했어."

19세기 후반의 인상주의 화가들은 미술사에 어떤 영향을 끼쳤을까?

태양광의 효과를 적극적으로 도입했다구?

소재를 현실적인 것으로 바꾸어 놓았다구?

구도와 색감을 현대화했다구?

다 틀린 답은 아니지만 근본적인 대답도 아니다.
인상주의의 근본적 기여는 그림을 문학적 서사에서 분리시킨 것이라고 생각한다.

이게 도대체 뭔 얘기냐? 다음 그림부터 보자.
이건 보티첼리의 그림인데 프리마베라(봄)라는 제목을 가지고 있다.
이 그림을 감상하려면 많은 지식이 있어야 한다. 특히 그리스 로마신화에 대해서.

산드로 보티첼리
프리마베라
1480년경

Chapter7. 그 시대의 아방가르드

일단 이 그림은 '읽어야' 하는데 읽는 순서는 오른편에서 시작해서 왼편으로 가야한다.

맨 오른편에는 시커먼 사내가 맨몸 위에 베일을 아슬아슬하게 걸친 여인을 붙잡고 있다.

이 부분을 확대해보면 시커먼 사내는 양 볼을 잔뜩 부풀려 숨을 세게 불어내는 참이다.
이 사내의 정체는 초봄에 불어오는 하늬바람의 신, 제피루스다.

제피루스가 붙들고 있는 반나의 여인은 요정 클로리스이다. 제피루스가 이 님프에게 반해서 납치를 해서는 강제로 아내로 삼았다는 신화의 이야기에 맞추어 이렇게 강압적으로 그녀를 붙잡고 있는걸로 묘사하였다. 더 자세히 들여다 보면 클로리스가 입으로 장미꽃을 토해내고 있는데 이건 그녀가 제피루스와 결혼한 후에 진정한 사랑을 얻어 요정에서 봄의 여신으로 승격되었기 때문이다.

그 왼편의 여인이 요정 클로리스에서 변신한 봄의 여신 플로라이다. 앙드레김에게서 맞췄을 것 같은 온통 꽃으로 장식된 쉬폰 드레스를 입고 화관을 쓰고는 꽃 바구니에서 꽃을 뿌리며 런웨이를 걸어나오듯 당당하게 등장하고 있다. 그녀의 이름 플로라는 언뜻 들어도 플라워, 꽃과 관계가 있겠지.

어쨌던 봄의 여신 옆에는 화면의 중앙을 점령하고 있는 여인이 있는데,

이 무대중앙의 여인은 미의 여신 비너스이다.
그녀를 돋보이게 하려고 배경의 숲은 그녀의 머리를 주위로 뚫려있어서 마치 후광처럼 보인다. 그런데 비너스가 겸직하고 있는 여러 직책 중의 하나가 4월의 여신이란다. 제피루스가 하늬바람을 불어 플로라가 꽃을 뿌리면 비너스가 이걸 받아서 본격적인 봄을 데려온다는 설정일까?
어쨌던 중세시대에 성모 마리아 그림에나 사용하던 포즈와 옷자락 묘사를 비너스에게 허락한 걸 보면 때는 바야흐로 시대의 봄 르네상스였다.

비너스의 머리 위에는 아들 큐피드가 활시위를 당기고 있는데 자세히 보면 눈을 가리고 있다. 이 녀석이 쏜 황금화살을 맞으면 누군가를 사랑하게 되고 납화살을 맞으면 싫어하게 된다던데 음주운전도 아니고 깜깜이사격을 하다니.

큐피드의 화살이 가리키는 방향을 쫓아가보면 이렇게 반라의 세 여인이 정신없이 서로 손을 맞잡고 춤을 추고 있는데
삼미신(**Three Graces**)이라고 불리는, 신들의 잔치에 초청 백댄서로 출연하곤 하는 여신들이다. 이들은 여성의 세가지 미덕을 상징하는데, 정조, 사랑, 아름다움이라지.

마지막으로 가장 왼쪽에 서서 다른 등장인물을 등지고 있는 사내가 누군고 하니,

Chapter7. 그 시대의 아방가르드

이 사내는 머큐리이다.
그리스 신화 버젼의 헤르메스로 더 잘 알려져 있는 그는 위를 올려다 보며 막대기로 뭔가를 걷어내려 하고 있다. 머큐리는 이렇게 생긴 뱀 두마리가 똬리를 틀고 있는 지팡이를 가지고 다니는데 이 지팡이로 그가 걷어내려고 하는 것은 겨울의 먹구름이다.

요약하면 하늬바람의 신 제피루스가 봄바람을 불면 플로라가 봄꽃을 날리고 비너스가 봄을 활짝 피워서 삼미신은 봄을 찬미하며 기쁨의 춤을 추고 머큐리는 마지막 남은 겨울 구름을 물리친다는 줄거리를 표현하고 있다는 것이 이 그림에 대한 일반적인 해석이다.
물론 이런 해석 외에도 별별 이론들이 많다.
큐피드가 왜 눈을 가리고 삼미신을 겨누고 있는지에 대해서도 설왕설래이고,

이 그림은 이런 이런 뜻으로 그린 겁니다.

보티첼리가 이러고 죽었으면 좋으련만 그림만 덜렁 그려놓았으니 정답은 없다.

몇가지 도움이 될 팩트들은 있다. 이 그림에 돈을 지불한 의뢰인은 르네상스 시대에 은행업으로 떼돈을 번 메디치 가문이다. 그래서 배경을 메디치 가문의 상징인 오렌지 숲으로 장식한거지.
제작을 의뢰한 이유는 메디치 가문의 큰 행사를 기념하기 위해서가 아닐까 추측하고 있다.
그 행사란 겨울이 가고 봄이 오듯이 새로운 행운을 축복하면서 봄의 생명력이 간절히 필요한 행사,
결혼식이 아닐까 하는 추리가 일반적 통설이다.

Chapter7. 그 시대의 아방가르드

49

이 그림은 고흐가 밤거리의 테라스가 있는 카페를 그린 유화이다.
가슴 뛰는 푸른 색깔로 그린 밤하늘과 테라스 전체를 비추는 풍성한 노란 빛의 콘트라스트,
그리고 전경에서 빛을 반사하는 포석의 질감, 이런 것들이 신선한 시각적 감동을 준다.

고흐가 이 그림에 대하여 누이에게 보낸 편지가 있다.
"... 밤 풍경을 검은 색으로만 그리지 않은 그림이 여기 있어. 아름다운 푸른 빛, 보랏빛, 녹색, 그리고 이 불 밝힌 광장은 창백한 유황색, 레몬의 노란색으로 칠했지.
...예전에는 밤풍경도 낮에 밑그림을 그리고 나중에 색을 입혔지만 난 밤의 현장에서 바로 그리는게 좋아. ..."

빈센트 반 고흐
밤의 카페 테라스
1888

그런데 이 풍성한 색조를 충분히 감상하기보다는 여기서 신화적, 문학적 의미를 찾아야 직성이 풀리는 사람들이 있다.

카페의 중심에 선 웨이터로 보이는 인물은 예수님이고 앉아있는 손님들은 제자들을 의미한다는 거지.
세어보면
꼭 열두 명이라나?

Chapter 7. 그 시대의 아방가르드

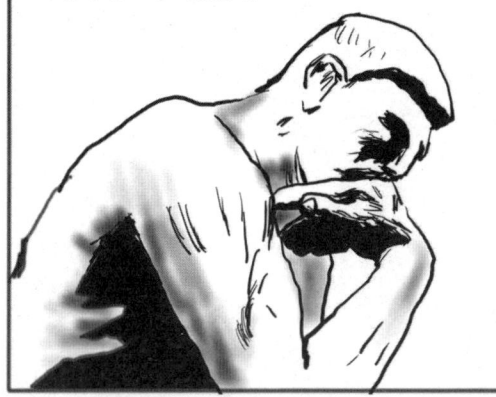
인간은 언어를 통하여 생각하는 유일한 동물이다. 그래서 말과 글이 생긴 이후에는 문학이 예술의 지배적 장르가 되었는데

음악은 비교적 일찌감치 문학의 지배에서 벗어났다.

청각을 통한 경험은 본질적으로 시각경험보다 덜 언어적이거든요.

물론 가곡이나 오페라는 아예 음악과 문학이 결합된 예술이고

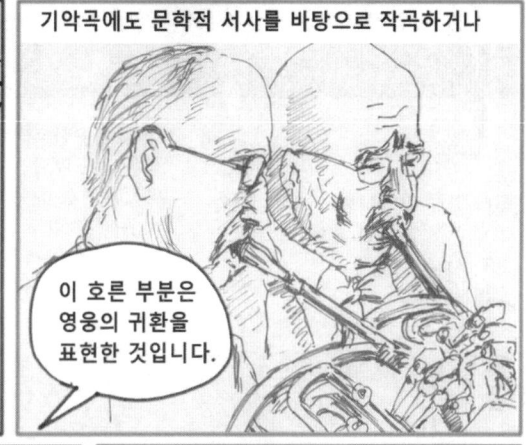
기악곡에도 문학적 서사를 바탕으로 작곡하거나

이 호른 부분은 영웅의 귀환을 표현한 것입니다.

때때로 처음부터 작곡가가 제목을 붙이거나 사람들이 별명을 붙여준 작품도 있지만

방금 그 곡은 당당하고 화려하니 황제라고 부릅시다.

대부분의 순수음악들은 그저 일련번호로 불릴 뿐이며 문학적 서사에서 자유롭다.

베토벤 피아노 협주곡 3번

모짜르트 교향곡 41번

우리가 무슨 이야기를 하다가 여기까지 왔지? 인상주의가 미술사에 끼친 가장 중요한 기여는 무엇인가 하는 논의를 하던 중이었지.
인상주의가 미술사에 일으킨 근본적 변화는 회화를 문학적 서사에서 해방시키는 첫걸음을 떼게 한 것이라고 생각한다.

인상주의는 원천적으로 찰나의 예술이다. 그들이 중요하게 생각했던 빛이라는 것이 찰나적 특성을 가지기 때문이다.

빛에 의해 나타나는 이 순간의 시각적 체험은 오직 지금 한 순간 존재할 뿐이다.

내일 비슷한 시각에 같은 각도에서 바라본다고 해도 비슷할 뿐 같지 않다. 그 찰나의 광경은 영원 속으로 사라지고 난 후이다.

거기에 어떠한 역사성이나 서사의 줄거리도 있을 수 없다. 찰나의 포착만이 있을 뿐이다.

Chapter7. 그 시대의 아방가르드

중세에서 르네상스를 거쳐 19세기 프랑스의 아카데미 화가들에 이르기 까지 성경이나 그리스, 로마 신화 그것도 아니라면 적어도 역사의 장엄한 한 장면을 따와야 회화로서 의미가 있다고 생각했다.

<< 쟝-레옹 제롬
폴리스 베르소
(라틴어, 죽이라는 뜻으로 아래를 가리키는 엄지손가락)
1872

알렉상드르 까바넬 >>
추락한 천사
1847

<< 에르네스뜨 메소니에
프랑스원정대
1864

그러니 아카데미 그림에 길든 대중들에게는 이런 밑도 끝도 없는 그림을 그리는 자들이 미친 사람 쯤으로 여겨졌을 것이다.

아무런 의미도 없는 이런 경박스런 그림을 도대체 왜 그리는걸까?

인상주의 화가들은 문학적 서사에 종속된 그림을 탈피하여 그림 자체로서의 그림, 좀 거창하게 표현하자면 찰나적 실존을 그리기 시작한 것이다.

물론 이들이 이런 거창한 자의식을 갖진 않았던 것 같다. 기성화단에 공격적이지도 않았다. 다만 다른 그림을 그릴 뿐이었다. 평생 아카데미 거장들의 여유를 부러워했고 쌀롱전에 출품할 기회를 노리며 살았으니까.

스스로 의도하지 않았지만 그들의 움직임이 이후의 현대미술이 지향하는 이정표를 만들었다.
일관된 방향성은 문학적 서사에서 멀어지고 시각적 체험으로서의 미술의 본질을 추구하는 것이었다.

뒤를 이은 빈센트 반 고흐와 폴 고갱은 훨씬 더 자유분방한 그림을 그렸다. 인상주의가 빛이 구현하는 찰나의 진실을 나름대로 충실히 포착하려 했다면,

후기인상주의에 이르러서는 형상과 색채를 변형해서라도 내면의 감정을 캔바스 위에 적극적으로 드러내는 표현주의적 경향이 나타나기 시작했다.

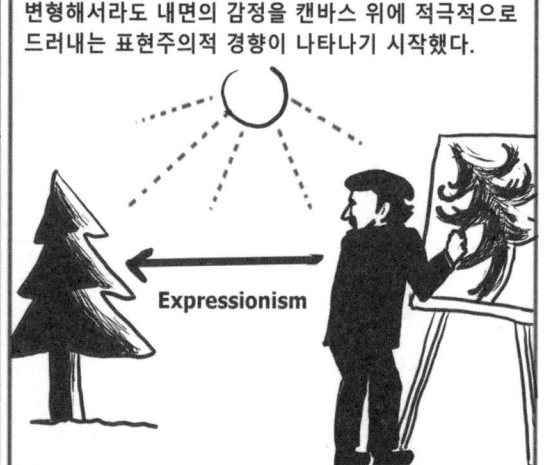

Chapter7. 그 시대의 아방가르드

고흐와 고갱은 공통점이 하나 있다. 둘 다 성인이 된 후 진로를 바꾸어 늦게서야 그림을 시작한 것이다. 고흐는 목사를 직업으로 하다가 붓을 들었고

Vincent van Gogh
(1853~1890)

고갱은 증권 브로커를 하다가 갑자기 무엇엔가 감전된 듯 가족도 팽개치고 전업화가로 나섰다.

Paul Gauguin
(1848~1903)

고갱의 이야기는 서머셋 모옴의 유명한 소설 '달과 6펜스'의 모델이 되었다.
달은 예술의 이상을, 6펜스는 현실을 상징하는거라지.

늦깎이 화가라는 점, 그리고 굉장한 괴짜라는 점을 제외하고는 두사람은 달라도 너무 달랐다. 그런데도 서로 엮이게 된 것은 악연이랄까?

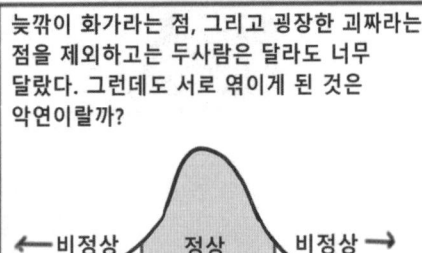

← 비정상   정상   비정상 →

고흐는 침울하고 비사교적이고 지나치게 골똘히 생각하는 북유럽 기질의 극단인데 반하여 고갱은 낙천적이고 변덕스러운 라틴계 기질이었다.
고갱의 모계는 페루 출신이다.

그 둘이 엮이게 된건 테오 반 고흐, 빠리에서 화상을 하던 빈센트의 동생을 통해서였다.

생전에 인정을 받지 못하다가 죽은 후에야 그 가치가 평가되는 예술가들은 숱하게 많다. 그러나 빈센트 반 고흐만큼 그 차이가 극명한 예술가가 또 있을까?
거의 유일하게 작품의 가치를 인정했던 동생이 화상이었는데도 고흐의 그림은 생전에는 팔리지 않았다.

빈센트 반 고흐
해바라기
1889

몽마르트르에서 비슷한 시기에 그림을 그리던 동료 가운데 뚤루즈 로트렉이 있었다. 고흐와 달리 로트렉은 그림을 꼭 팔아야 할 이유가 없었다. 부유한 귀족 가문의 출신이었거든. 자기 마음대로 술 마시고 그림 그리고 몽마르트르 밤의 환락에 빠져 자신의 불구를 잊는 것이 그의 라이프 스타일이었다.

뚤루즈 로트렉
물랭 루주 : 라 굴르 (포스터)
1891

Chapter7. 그 시대의 아방가르드

이 유명한 그림을 그린 것은
쌩-레미-드-프로방스
정신병원에서이다.
병실의 동쪽으로 난 창문을
통해서 보이는 밤하늘이다.
이 그림을 볼 때 마다
광란의 상태가 아니라면
이런 그림을 그릴 수
있을까하는 생각이 든다.

이 그림을 그리고
1년후 고흐는 자살했다.

빈센트 반 고흐
별이 빛나는 밤
1889

그로부터 80년이 흐른 후 영국의 돈 맥클린이라는 가수가 고흐의 전기를 읽고 감동을 받았다.
노랫말과 곡을 지어 1972년 '빈센트'라는 타이틀로 발표했는데 영국과 미국의 빌보드 차트에 올랐다.

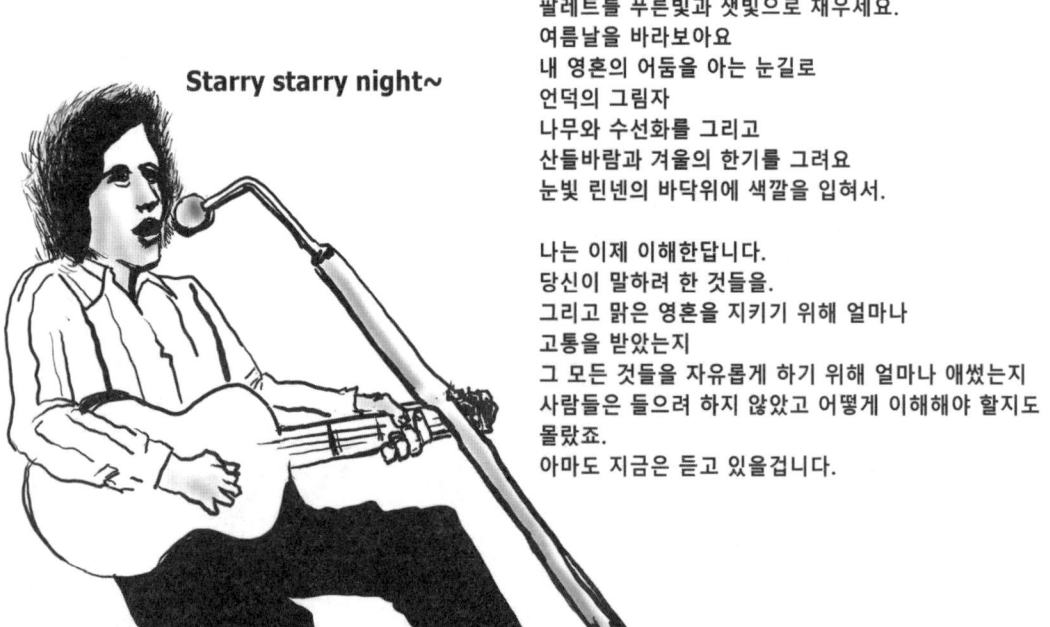

Starry starry night~

별이 빛나는 밤,
팔레트를 푸른빛과 잿빛으로 채우세요.
여름날을 바라보아요
내 영혼의 어둠을 아는 눈길로
언덕의 그림자
나무와 수선화를 그리고
산들바람과 겨울의 한기를 그려요
눈빛 린넨의 바닥위에 색깔을 입혀서.

나는 이제 이해한답니다.
당신이 말하려 한 것들을.
그리고 맑은 영혼을 지키기 위해 얼마나
고통을 받았는지
그 모든 것들을 자유롭게 하기 위해 얼마나 애썼는지
사람들은 들으려 하지 않았고 어떻게 이해해야 할지도
몰랐죠.
아마도 지금은 듣고 있을겁니다.

 **Chapter7. 그 시대의 아방가르드** 59

고흐가 자살한 다음해 고갱은 마르세이유에서 배를 타고 타히티로 떠났다.

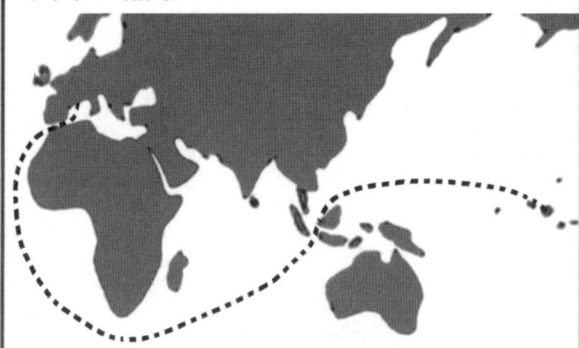

고갱의 희망과는 달리 타히티에서 극심한 가난과 병마에 시달려야 했다. 성년도 안된 원주민 소녀들을 차례로 데리고 살며 아이까지 낳았다. 기괴한 생활이었다.

그러나 그의 예술은 꽃을 피웠다. 이건 타히티에서 그린 그의 대표작이고 할 수 있는 그림이다.

고갱은 처음부터 자신의 기념비적 작품을 만들려는 마음을 먹고 이 그림을 그리기 시작한게 틀림없다. 다른 작품들과는 크기부터 달랐다. 세로가 139cm, 가로가 375cm나 되는 대형캔버스를 사용했다. 그림을 완성한 후 구석에 직접 제목을 적어넣었다. **D'ou venons nous? Que sommes nous? Ou allons nous?** 우리는 어디에서 왔는가? 우리는 무엇인가? 우리는 어디로 가는가? 고갱이 10대 시절에 다니던 카톨릭 학교에서 신부님이 끊임없이 던지던 질문이었다. **(1897년작)**

고흐의 노랑색 집착을 비난했던 고갱도 한층 너그러워졌던 것 같다.
그리고 집 앞에 해바라기 씨를 프랑스에서 가져다 심었다.
타히티 날씨에서 자라지 않을거라고 말렸지만 해바라기는 꽃을 피웠다고 한다.
고흐와 화해하려는 뜻이었을까?
알 수 없다.

마네와 모네와 드가가 신화와 역사의 서사라는 속박을 부수었고 고흐, 고갱, 로트렉은 회화를 한층 더 자유롭게 했다.

라 벨르 에뽀끄는 회화의 시대였고 아방 가르드의 시대였다.

노르웨이의 젊은 화가 뭉크는 에펠탑이 세워졌던 1889년 세계박람회를 구경하러 빠리에 왔다가 고흐, 고갱, 로트렉의 그림에 눈이 번쩍 떠졌다.

에드바르드 뭉크
(1863~1944)

뭉크는 유럽 표현주의와 상징주의 회화의 아이콘이 되었다.

에드바르드 뭉크
절규
1893

오스트리아의 구스타프 클림트는 19세기말의 비엔나 분리주의를 이끌었는데 여기서 분리주의라 함은 기성미술에서 분리한다는 이야기다. 빠리에서 인상주의 화가들이 닦아놓은 전철 덕분에 훨씬 덜 고생스러웠고 생전에 명성을 얻을 수도 있었다.

구스타프 클림트
입맞춤
1908

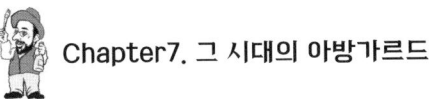

Chapter7. 그 시대의 아방가르드

19세기를 떠나보내고
20세기를 맞는
세계박람회가 1900년에
또 다시 빠리에서 열렸다.

세기말의 불안과
아나키즘과 퇴폐가
새로운 세기를 기대하는
설레임과
인류문명의 발전에 대한
기대와 희망들과
뒤섞여 있는 시기였다.

L'EXPOSITION

DE

PARIS 1900

이때도 박람회장의 정문은 1889년 박람회 때 지은 에펠탑이었다.
이 에펠탑 밑으로 몇명의 청년들이 들어섰다.

그들은 스페인 카탈루니아 지방의
고향 친구들로서 그 중 한 사람의 그림이
박람회 스페인관에 걸리게 되어
그걸 보려고 난생 처음 빠리에 온 참이었다.

이제 만 스무살 가량의 새파란 청년들,

자기 그림을 보러 온 청년은 재능이 있었고 야심만만했다.
하지만 빠리에서 오랜 무명 예술가의 녹록치 않은 삶이
기다리고 있을 줄은 이때는 미처 알지 못했다.

그의 이름은 파블로 피카소.
20세기의 미술사의 흐름을 또 한 번 바꾼 인물이다.
이 이야기는 제3권에서 이어간다.

Chapter 8

그 시대의 쎌럽

사라 베르나르
오스카 와일드
쉬잔 발라동

사람들이 당신에 대해서 뒷담화를 하는 것보다
더 나쁜게 딱 하나 있다.
바로 아무도 당신에 대해서 얘기하지 않는 것.
-오스카 와일드

라 벨르 에뽀끄

쎌럽이란 말이 있지.
Celebrity를 줄인 말 같은데,

평소엔 이러고 다닌다지.

패셔니스타란 신조어도 있는가보다.
유행을 선도하는 멋쟁이란 뜻인 모양인데,

벨르 에뽀끄 시절에 쎌럽에, 패셔니스타에, 스캔들 메이커에,
극적인 삶을 원대로 살다 간 매우 벨르 에뽀끄적인
사람들이 있었다. 두 여인과 한 사내를
이 장에서 소개하려고 한다.

제일 먼저 등장하는 인물은 사라 베르나르.
78세로 죽는 마지막 날까지 정열의 삶을 살다 간
이 시대를 풍미한 대표적인 연예인 정도로
소개하면 되려나?

**Sarah Bernhardt
(1844~1923)**

Chapter8. 그 시대의 쎌럽

사라 베르나르의 아버지는 정확히 알려져 있지 않은데 어머니는 꽤 잘나가는 꾸르띠장(Courtisan)이었다.

꾸르띠장, 굳이 번역하자면 고급매춘부라고 할까? 그런데 그렇게만 번역하기엔 뭔가 마땅찮다. 우리도 황진이를 고급매춘부라고 하지는 않으니까.

상류사회의 고객만 상대했고 나름 교양과 지성을 갖추어야 했다.

어머니 율르는 사라가 일곱살 때 기숙학교에 맡겼다.

"직업상 출장이 잦아서요."

사라 베르나르가 열다섯 되던 해에 교육비를 대주던 친부가 이탈리아 여행 도중 갑자기 죽었다는 전보를 받았다. 이 소식을 들은 모친, 힘 좀 쓰는 고객에게 사라의 진로를 의논했는데,

"제 딸 사라 있잖아요..."

Chapter8. 그 시대의 쎌럽

졸업 후에 또 손을 써서 프랑스 최고의 극단인 꼬메디 프랑세즈에 넣어줬다.

여기서 꼬메디는 우리가 아는 웃기는 코메디가 아니고 연극을 통칭한다. 꼬메디 프랑세즈는 국립극단으로서 현존하는 극단 중 세계최고의 전통을 자랑한다.

지금도 빠리 제1구의 리쉴리에가에서 잘 버티고 있다.

이 꾸르띠장의 딸은 아직 연기력도 부족하고 무대공포증까지 있는 말라깽이였는데 성질만은 대단했다.

자기를 애송이라고 만만하게 대하는 수위를 우산으로 후려팼다. 그 대신 20년이 지난 후 그 수위가 은퇴할 때 집을 한 채 사줬다는군.

꼬메디 프랑세즈에는 해마다 프랑스 최고의 극작가 몰리에르의 생일에 전단원이 손님을 초청하여 파티를 여는 전통이 있다.

쟝 밥띠스뜨 뽀껠랭
(필명 : 몰리에르)
(1622~1673)

사라 베르나르가 데뷔한지 1년밖에 지나지 않은 1863년의 몰리에르 기념파티에서 꼬메디 프랑세즈의 최고참 여배우 마담 나딸리와 한바탕 해프닝이 벌어졌다.

나, 서열 1위

사라는 여동생을 사랑했다. 파티에 초청했는데 여동생이 실수로 마담 나딸리의 치맛자락을 밟았던 모양이야. 화가 난 나탈리가 세게 밀치는 바람에,

이 계집앤 뭐야?

그 순간 어디선가 날아온 플라이급 사라 베르나르가 서열 1위 헤비급 마담 나딸리의 뺨을 전광석화처럼 후려갈겼다는거야.

사라의 여동생은 그대로 자빠졌지. 마담 나딸리가 한 덩치 했거든.

굉장하지?
만약 사라 베르나르와 마담 나딸리의 서열이 거꾸로였다면 사라 베르나르가 싫어졌을 것 같다. 갑질이니까.

하지만 최고참의 뺨을 올려부치는 신인은 좀 참신한 면도 있지 않나?

그러나 꼬메디 프랑세즈의 분위기는 그렇지 않았나보다.
사라는 이 일로 국립극단을 떠나야 했다.

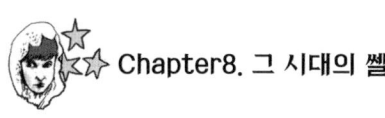 Chapter8. 그 시대의 쎌럽

국립극단에서 쫓겨나 일반극단 짐나즈로 옮겼는데 여기서도 사고를 쳤다.

뛸리에리궁의 어느 파티에서 여흥순서를 짐나즈극단이 맡았는데, (기억 나시나? 나폴레옹 3세가 애지중지하는 홈스윗홈)

사라 베르나르에게는 프랑스가 자랑하는 시 가운데 몇 개를 골라 낭송하는 역할이 주어졌다.

그런데 하필이면 빅또르 위고의 시를 읊었단다.

왜 이게 문제가 되냐면 빅또르 위고와 루이 나폴레옹이 서로를 제일 싫어한다는 건 만천하가 다 아는 사실이었거든.

"그 자는 사생아로서 나폴레옹 가문과 아무 관계가 없다. 게다가 무능해서 바쁘기만 하고 이루는게 없지."

황제와 외제니 황후는 낭송 도중 아무말도 없이 나가버렸다고 한다.

다시 극단에서 쫓겨난 그녀는 울적한 마음을 달래려고 유럽 여행을 떠났다.

여행중에 만난 벨기에 귀족의 아이를 임신했다. 애 아버지가 결혼을 하려했지만 집안의 반대로 못했다는 설도 있고 자기 아이라는 걸 못 믿어서 결혼을 안했다는 설도 있다.

연예계 가십이니 그냥 넘어가자.

어쨌던 그녀는 아이를 출산했다. 이 아이가 유일한 혈육인 모리스 베르나르. 사라는 아이를 끔찍이 사랑했는데

모리스는 평생을 한량으로 살았다. 도박을 즐겼고 엄마를 마르지 않는 ATM으로 알았지. 그래도 사라가 죽을 때 이 아들의 품에 안겨 눈을 감았다니 효도를 한번은 제대로 했다.

어찌어찌 떠돌다가 꼬메디 프랑세즈 다음 가는 극단이랄 수 있는 오데옹(Odeon) 극단에 입단하였는데 사라 베르나르는 나이가 들어서도 이 극단에서 보낸 시절을 가장 그리워 하였다.

여러 극단을 돌아다녀 보았지만 떠날 때 정말 슬펐던 곳은 오데옹 밖에 없었어요. 서로 사랑했고 모두 마음이 맞아 오직 연기만을 생각했죠.

Chapter8. 그 시대의 쎌럽

오데옹 시절에 사라 베르나르의 재능이 빛을 발하기 시작했고 연기에 물이 오르기 시작했다.
독특한 낭랑한 목소리와 카리스마 넘치는 몸짓으로 열혈 팬들이 생기기 시작했는데,

나의 작은 별~

몽테 크리스토 백작, 삼총사의 작가 알렉상드르 뒤마야 애시당초부터 사라 어머니의 오랜 고객이자 친구로서 사라 베르나르의 평생 후원자이자 열렬한 팬이었고,

알렉상드르 뒤마(아버지 뒤마)
(1802~1870)

그보다 오랜 후의 일이지만 냉정한 정신분석학자 지그문트 프로이트도 사라에게 반하고 말았다.

"연극은 잘 모르겠지만 사라 베르나르. 이 여인은 대단했다. 그녀가 대사의 첫줄을 읊자마자 그녀를 오랫동안 알아왔던 것 같은 착각을 경험했다. 그녀의 목소리는 너무 생생하고 사랑스러워서 내뱉는 모든 대사를 그대로 믿지 않을 방법이 없었다."

지그문트 프로이트
(1856~1939)

옛날 연극에는 마지막에 주인공이 죽음으로써 막이 내리는 장면이 많았다.
사라 베르나르는 이 죽는 연기를 잘했나보다. 그녀가 처절하게 죽어가는 연기를 하면 눈물을 흘리는 관객들이 많았단다.

프랑스 국민들의 사랑을 한몸에 받았던 대문호 빅또르 위고도 그 가운데 한사람이었나보다

이 국민영웅이 직접 이런 찬사를 보냈다.

나도 모르게 감동의 눈물이 흘렀다오.
이 눈물은 당신 몫이니 이 선물을 받아주오.

경애하는 당신의 빅또르

그러면서 눈물모양의 진주를 함께 보냈다지.

역시 대문호는 팬레터도 고수 티가 나네.
정신과의사는 신발 벗고 뛰어도 못 따라오겠다.

Chapter8. 그 시대의 쎌럽

영국의 극작가이자 비평가 버나드 쇼만 비판적이었다.

연기가 너무 드라마틱해.

신파쪼라는 얘기지.

버나드 쇼야 뭐라건 꼬메디 프랑세즈는 그녀의 인기 때문에 쫓아낸지 10년만에 다시 모셔와야 했다.

영화나 드라마 같은 걸 보면 이런 캐릭터가 가끔 등장하잖아?
도도하고 사치스럽고 제멋대로인 최정상의 여배우,
애인도 수시로 갈아치우고.
사라 베르나르가 바로 딱 그랬다.

기이한 행동도 많았다.
그녀가 관을 제작해서
그 안에서 잠을 자는
사진이 보도되어
센세이션을
일으킨 적도 있다.

동생이 몸이 약해서 내 침대를 쓰라고 했을 뿐이에요.

 **Chapter8. 그 시대의 쎌럽**

그렇다면 사라 베르나르는 허영만 가득한 골빈 여자였을까? 그렇지 않다. 그녀는 정체성의 문제를 지니고 있었는데 모친이 유태계이지만 자신은 카톨릭학교에 다니며 세례를 받은 열렬한 카톨릭 신자였기 때문이다.

한때는 수녀가 되려고 했었죠.

어느 기자가 이런 질문을 하였다. 사라의 정체성 문제를 염두에 둔 질문이다.

당신은 크리스챤입니까?

사라 베르나르는 이렇게 받아칠 정도로 자의식이 분명했고 언제나 소신이 또렷했다.

아니요. 저는 로만 카톨릭일 뿐입니다. 동시에 위대한 유태 인종의 일원이죠. 크리스챤들이 더 나아질 때까지 이 상태로 지내렵니다.

그림과 조각을 취미로 했는데 그 수준이 아마츄어의 경지는 훨씬 넘어섰다.

사라 베르나르.
오필리아
1880

(자료출처 : 데일리 아트 매거진)

모두들 앞다투어 찬사를 보냈는데 한 사내만 이렇게 평했다지.

꽤 잘하긴 하는데 한물 간 스타일이군요.

로댕이야 이렇게 말할 자격이 있지.

Chapter 8. 그 시대의 쎌럽

마지막에 주인공이 죽는 수많은 레파토리 가운데서도 동백꽃 여인(La Dame aux Camelias)을 제일 아꼈다고 한다.

아버지 뒤마가 아닌 아들 뒤마의 작품인데 우리나라에서 옛날에는 춘희라는 제목으로 공연되었다.

Dumas Fils (1824~1895)

춘희라는 제목의 '춘'은 봄 '춘'자가 아니고 동백이라는 뜻으로, 일본에서 붙인 이름을 그대로 수입한 것이다.

쓰바키

베르디가 이 연극을 오페라로 만들어 '라 트라비아타'라는 제목을 붙여서 내놓았다. 타락한 여인쯤 되는 뜻이란다.

이 오페라에 나오는 건배의 노래를 안들어본 사람은 없을거고,

Chapter8. 그 시대의 쎌럽

마리 뒤플레시스가 꽃다운 나이 스물셋에 요절했다는거지. 지병인 결핵으로 각혈을 하면서. 다행히 임종의 순간은 주요고객 두명이 사이좋게 지켜주었단다.

결핵은 당시에 가장 무서운 병이었다. 그리고 19세기 미녀가 요절하는데 가장 어울리는 병이기도 했다. 혹설에 의하면 진짜 사인은 당시에 만연했던 또 하나의 유행병 매독이었다는데 어느 쪽이 맞는지 알 길이 없다.

20세기 들어서야 살바르산과 페니실린이 발명되었죠. 19세기까지는 약도 없는 가장 무서운 성병이었어요.

그녀를 추모하는 긴 줄이 늘어섰고,

슬픔과 그리움에 사무친 아들 뒤마는 바로 펜을 들어 소설을 완성했고 희곡으로도 내놓았다.

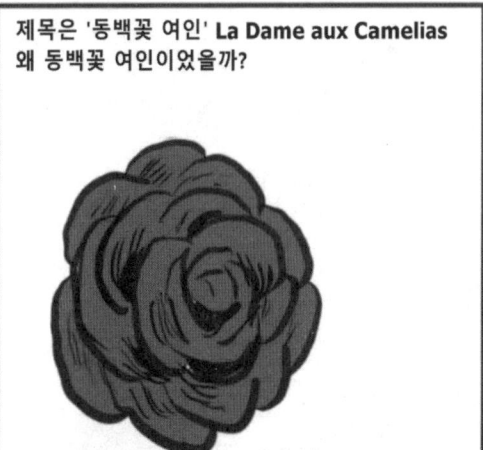
제목은 '동백꽃 여인' La Dame aux Camelias
왜 동백꽃 여인이었을까?

Chapter8. 그 시대의 쎌럽

사라의 새가 지저귀는 듯한 프랑스 말은 못알아들어도 그녀의 몸짓과 표정으로 다 해결되었지.

지금도 그렇지만 미국은 유럽문화에 대한 약간의 열등감과 동경이 있었다.
비슷한 시기에 체코의 작곡가 드보르작이 미국을 방문했다.

안토닌 드보르작
(1841~1904)

뉴욕에 새로 세운 음악학교를 맡아달라는 부탁을 받고 온가족을 데리고 와서 3년간 미국에 머물렀다.
상당한 연봉도 연봉이지만 드보르작이 미국의 대륙횡단열차를 보고싶어 했던 점이 크게 작용했다고 한다.
그는 벨르 에쁘끄 시대의 신문물인 기차의 열렬한 매니아였거든

기차의 기적소리를 들으면 내 가슴이 소년처럼 뛴답니다.

 Chapter8. 그 시대의 쎌럽

세월이 흘러 미국의 음악수준도 상당히 올라갔을 때 미국의 국민지휘자 레너드 번스타인이 이 곡에 대하여 한마디 했다. 70년전 드보르작의 훈수가 좀 고까웠던 모양이다.

"드보르작 9번 교향곡은 흑인영가 멜로디 같은 걸 조금 따오기는 했지만 전형적인 유럽음악입니다. 이 곡을 가지고 미국음악의 새로운 방향이라고 하는건 말이 안돼요."

레너드 번스타인
(1918~1990)

사라 베르나르는 통큰 씀씀이 때문에 여러번 파산위기를 맞았는데 그때마다 해외공연으로 돈을 벌어다 메꾸곤 했다. 해외공연을 떠날 때 사라의 옷 트렁크만 100개가 넘었단다.

"이쪽은 무대용 이쪽은 일반의상"

두 대륙의 여왕이라고 부를 정도로 유럽과 아메리카대륙을 안가본 나라가 없을 정도로 누비고 다녔는데 독일만은 한번도 방문하지 않았다.

"우리의 영토를 뺏은 자들 앞에서 공연할 수는 없지요."

애인은 무수하게 많았지만 어느 누구의 청혼도 받아들이지 않았던 기 센 언니 사라 베르나르,

단 한 남자에게 무릎을 꿇었다. 그의 이름은 자끄 다말라.

다말라는 그리스군의 장교로서 빠리에서 무관으로 근무중이었는데 빠리의 사교계를 휘젓고 다녔다. 지금 기준으로 보면 그렇지도 않은데 대단한 미남으로 통했단다.
비쥬얼만 믿고 연극무대에도 기웃거리며 아마츄어 연기자로 단역을 맡기도 했다.
그 시절에는 현역장교가 그럴 수도 있었던 모양이지.

이 사내는 스스로에 대한 대단한 자신감을 한 가지 가지고 있었는데 다름 아닌 어떤 여자도 유혹하여 손에 넣을 수 있다는 자신감이었지.
실제로 여자를 유혹했다가 싫증이 나면 걷어차버리는 바람에 여럿 자살한 여자도 있었다는데, 양갓집 사모님이건 아가씨건 가리질 않았다.

그런데 이 친구, 바람둥이로만 그치는게 아니었다. 대단한 허영심에 도박꾼에 마약까지 손을 댔다. 상상할 수 있는 최악의 나쁜 남자였는데,

어째서 능력있는 여자는 나쁜 남자에게 끌리는걸까? 사라 베르나르는 다말라를 소개받고 엄청 반했던 모양이다. 알게된지 얼마 안되어 러시아로 발령받은 그를 쫓아 그 바쁜 스케쥴을 다 제치고 생페테스부르그로 달려갔다.

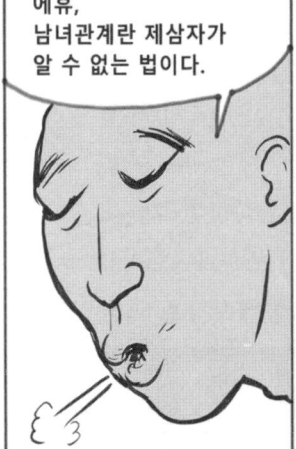
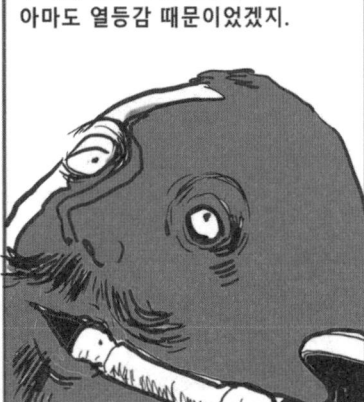
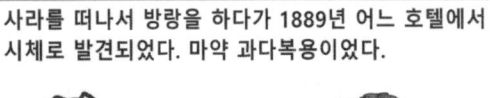

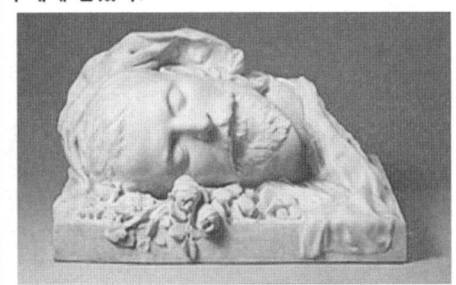

사라 베르나르 작
자끄 다말라의 데드 마스크

Chapter8. 그 시대의 쎌럽

사라 베르나르 덕분에 세상에 이름을 알리게 된 사내가 또 하나 있다. 다말라의 케이스와 달리 빛나는 이름을 남겼다.

알퐁스 무하
(1860~1939)

혹시 그의 이름을 모른다 하더라도 이런 풍의 그림은 눈에 익을걸.

체코 출신인 그는 빠리에 거주하는 수많은 가난뱅이에 무명인 이방인 화가들 가운데 하나였다. 서른네살 되던 1894년의 어느 겨울날 그에게 기회가 찾아왔다. 알고 지내던 인쇄소 사장이 사색이 되어 그를 찾아왔는데,

무하씨, 큰일 났소.

마담 베르나르가 1월 1일 개막 공연의 포스터를 퇴짜 놓았어요. 완전히 새로 만들어야 해요.

알퐁스 무하는 근면한 사람이었다.
그가 밤새워 제작한 2미터 높이의 포스터는
단번에 사라 베르나르를 사로잡았다.

알퐁스 무하
지몽다스역의
사라 베르나르
(포스터)
1895

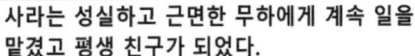# Chapter8. 그 시대의 쎌럽

환갑되던 해 남미 순회공연중 다리에 부상을 입었는데 이게 계속 악화되어 71세 되던 해에 다리 절단수술을 받아야 했다. 한쪽 다리를 자르고 은둔생활을 했냐고? 천만의 말씀. 그녀는 활동을 멈추지 않았다. 앉아서 연기할 수 있는 배역을 찾아 계속 무대에 올랐고 1차세계대전의 최전선으로 위문공연을 다녔다.

휠체어를 거부하고 가마를 만들어 타고 다녔는데 그 가마의 디자인을 직접 했단다. 사라 베르나르답다.

1923년 79세에 애물단지 아들 모리스의 품에서 평화롭게 눈을 감았다.

셀 수 없는 인파가 생 프랑스와 드 쌀르 성당에서 뻬르 라쎄즈 묘지까지 그녀의 관을 따라 행진했고 장례식에 3만명이 참석했다.

레전드라는 말을 함부로 쓰지 말자.
고급매춘부의 사생아로 태어나
어느 권력자에게도
고개를 숙이지 않았지만
아무리 약한 자에게도
군림하지 않았고
죽는 날까지 연기를 갈망했던
사라 베르나르는
벨르 에뽀끄 시대의
진정한 레전드였다.

그녀의 무덤은 큰 길에서 떨어져 있어서 찾기 쉽지 않아요. 저기 보이는 나무에서 오른쪽으로 돌아가면...

Chapter8. 그 시대의 쎌럽

이 시기에 찬란한 5월의 태양 아래 활짝핀
장미꽃 같은 삶과

한겨울 황야의 눈보라 치는 밤과 같은 삶을
한꺼번에 살았던 사나이가 있었다.

사라 베르나르의 친구이기도 해서
봄날의 시절에는 그녀를 위해
연극 '살로메'를 써주기도 했던 인물,

영국인이지만 뻬르 라셰즈에 묻힌 또 한 사람,
그의 묘석에 아직도 여인들이
키스마크를 남기고
가는 사람,

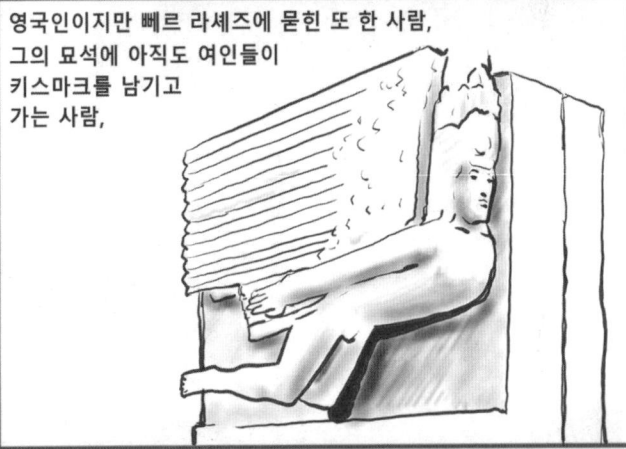

오브리 비어슬리
살로메 삽화
1904

오스카 와일드이다.

오스카 핑갈 오플래허티 와일드
(1854~1900)

많은 사람들이 어린 시절 읽은 '행복한 왕자'라는 동화로 그를 기억한다.
궁궐에서 슬픔이란걸 모르고 살았던 왕자는 죽어서 동상이 되어서야 도시의 온갖 불행을 보게 된다.

겨울이 되어 동료들은 남쪽으로 날아갔지만 이를 놓치고 홀로 도시에 남은 제비가 있어 왕자와 친구가 되었다.

왕자는 제비에게 부탁했다.
"제비야 내 칼자루의 루비를 뽑아서 저 빨간지붕 집의 가난한 가족들에게 갖다주렴."

"제비야, 내 몸을 덮고있는 금박들을 떼어다가 저기 병든 할머니에게 갖다주렴."

"제비야, 내 눈을 장식하고 있는 사파이어를 뽑아서 저 굶주린 아이들에게 갖다주렴."

동상이 볼성 사나워지자 사람들이 끌어내려 녹여버렸다.
그러자 동상이 서있던 자리에는 추위로 죽은 제비와 동상에서 떨어져 나온 납으로 된 심장만 남게 되었다.

Chapter8. 그 시대의 쎌럽

이들을 발견하고 천사가 내려와 말했다.
"이 도시에서 가장 귀한 보물이 여기 있구나."

그리고 이들을 소중히 받들어
하늘나라로 올라갔다.

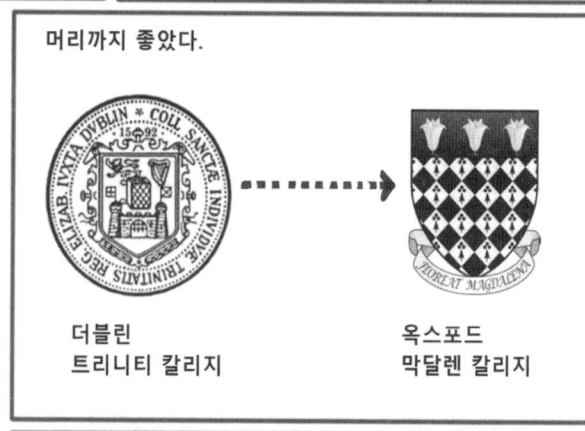

Chapter8. 그 시대의 쎌럽

그리스어에 라틴어에 프랑스어에 독일어도 쫠쫠쫠~

도저히 교만해지지 않기가 힘든 스펙이었다.
이런 어록을 남길 정도로.

"나라는 사람은 취향이 아주 단순하다네. 최고이기만 하면 무조건 만족하거든."

스물 여덟의 나이에 미국에 순회 강연을 갔었는데 입국 세관에서 한 오스카 와일드의 대꾸가 유명하다.

"Do you have anything to declare?"

"No, nothing but I am genius."

매력이 철철 넘치는 젊은날의
오스카 와일드는
언제나 추종자들에 둘러싸여 있었고
풍부한 상상력과 지식으로
재담과 독설을 끊임없이 늘어놓아
잠시도 팬들이 심심할 틈이 없도록
해주었다.

Chapter8. 그 시대의 쎌럽

허세 작렬에 독특한 패션은 타의 추종을 불허했다. 여성이나 쓸 것 같은 챙이 넓다란 펠트 모자에 벨벳 블레이저,

망토를 몸에 휘감고 나타나는가 하면

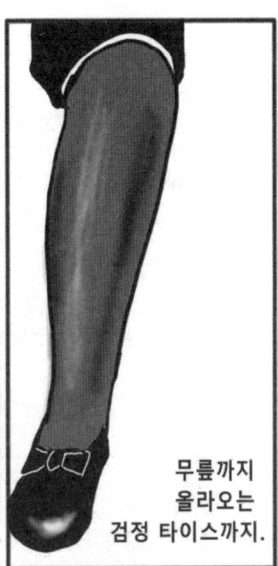

무릎까지 올라오는 검정 타이스까지.

조금만 옷을 다르게 입어도 공격을 하는 우리들 아닌가?

그때도 그랬지.

저 자식은 뭐야?

오스카 와일드는 이들 화내는 무리를 개의치 않았다. 자기 같은 천재가 이런 평범한 둔재들과 일일이 상대할 필요가 없다고 생각했겠지.

스스로를 댄디즘의 리더에 심미주의의 전도사로 생각해서 어딜 가든 심미주의의 심볼인 해바라기꽃 브로치를 꽂고 다녔단다.

심미주의란 예술에 아름다움 그 자체 외에는
어떤 도덕덕, 공익적 잣대도 들여대서는
안된다는 주장이지.
프랑스에서는 스떼판 말라르메와 뽈 발레리
같은 이가 심미주의를 이끌었다면
영국 심미주의의 깃발은 오스카 와일드가
들었다.

그런데 이 심미주의가
세기말사상(decadant)과 결합하여
퇴폐주의, 허무주의의 경향으로
흐르게 된다.

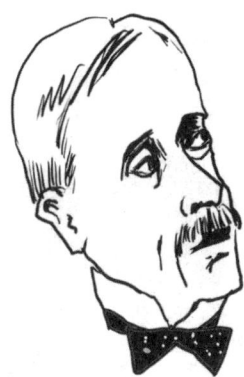

스떼판 말라르메
(1842~1898)

뽈 발레리
(1871~1945)

오스카 와일드의 넘치는 재기, 허영과 교만이
이 퇴폐적 심미주의와 얽혀 인생 후반의
고초를 불러 올 줄은 봄날의 그는
몰랐을 것이다.

예술을 위한
예술!

서른 살에
아일랜드 변호사의
딸이며 동화작가인
콘스탄스 로이드와
결혼식을 올렸는데
그 시대 뭇사람의
관심을 끌어모은
쎌럽의 이벤트였다.

이 가구보다
더 비싼건
없는거요?

공작깃털 장식을
조금 더 올려보세요.

부부는 자신들을
최첨단 유행을 선도하는
런던 최고의 멋쟁이 커플로
지켜보는 대중들의
기대 때문에라도
신혼집을 파격적이고도
최고로 꾸며야 했다.

남의 눈을 의식해야 하는
쎌럽의 삶, 고단한거야.

Chapter8. 그 시대의 쎌럽

결혼 후에도 스포트라이트를 받으며 화려한 전성기가 계속되었지. 소설이면 소설, 시면 시, 평론이면 평론.

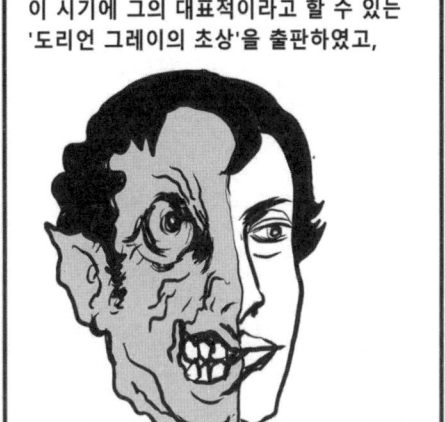

이 시기에 그의 대표적이라고 할 수 있는 '도리언 그레이의 초상'을 출판하였고,

사라 베르나르를 위하여 희곡 '살로메'를 쓴 것도 이 시기였다.

마담을 위하여 썼습니다. 하룻밤만에 급하게 완성하느라고 불어로만 썼지만 영어판도 곧 만들어 드리죠.

오우~ 메르씨, 무슈 와일드!

이 모든 것들을 해내려면 무척이나 열심히 일을 했으리라. 그러나 겉으로는 별 노력을 하지 않고도 저절로 되는 듯 보이려고 했다. 허영 중의 허영이었고, 허세 중 최고의 허세였다.

미국 순회 강연 중 찍은 사진이 이 시기 오스카 와일드의 분위기를 그대로 보여주는 것 같다. 그의 표정, 의상, 자세가 다 함께 이렇게 말하는 듯 하다.

보통 사람들은 그렇게 아등바등 애를 써야 하는 모양이죠?

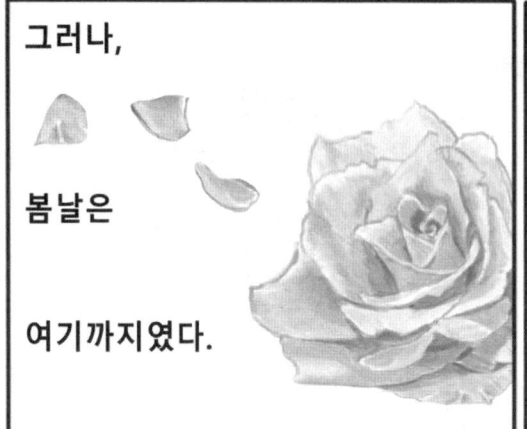

Chapter8. 그 시대의 쎌럽

오스카 와일드의 동성애 행각은 알만한 사람은 다 아는 비밀이었거든. 마지막까지 이걸 몰랐던 사람은 아마 부인 콘스탄스 정도였을걸.

그 시절은 지금처럼 동성애자들이 자기 권리를 주장한다는건 상상하기도 어렵던 엄격하고 보수적인 빅토리아 시대였다. 그러니 자기의 약점을 스스로 문제화한 셈이 되었지.

동성에게 성적으로 끌리는 것은 선천적인걸까, 후천적인 현상일까? 모를 일이다. 어쨌던 동성애자였던 역사적 인물들은 의외로 많다. 소크라테스, 아리스토텔레스, 알렉산더 대왕이나 미켈란젤로, 레오나르도 다빈치 같이 기록이 분명하지 않은 옛날 인물들을 제외하고 근현대의 인물들만 보더라도 차이코프스키, 서머셋 모음, 레오나드 번스타인이나 컴퓨터의 원조인 천재 앨런 튜링이 동성애자였고,

동성애자들을 탄압했던, 전혀 그럴 것 같지 않은 극우보수의 심볼이며 최장기 미국 FBI 국장이었던 에드가 후버도 동성애자였다고 한다.

자신의 운명을 소설로 예언했던 것일까? 이어진 재판은 도리언 그레이의 그림 속 초상이 파멸해가듯 오스카 와일드의 파멸의 과정이었다.

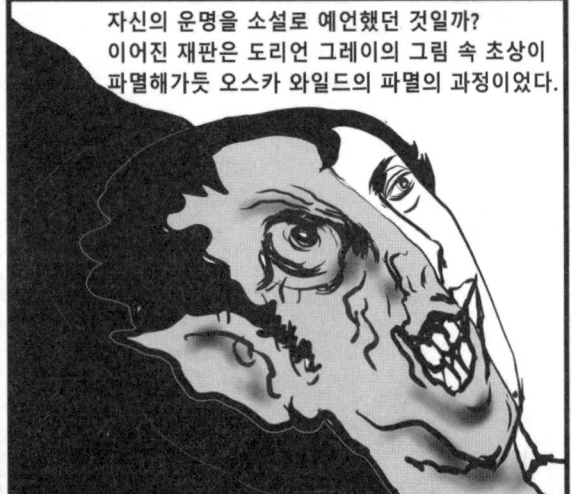

Chapter8. 그 시대의 쎌럽

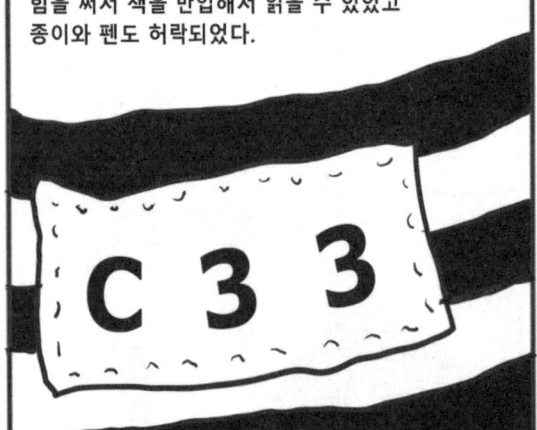

Chapter8. 그 시대의 쎌럽

바람을 피운 아내를 살해한 죄를 저지른 이 병사에게 교수형이 집행되었다.

아아, 그도 한때는 찬란히 빛나던 근위대 기마병이었는데...

레딩감옥 이 병사의 이야기를 소재로 책을 한 권 썼다.
'The Ballade of Reading Gaol'

레딩감옥의 발라드
와일드

옛 애인 알프레드 더글러스에게 부칠 수 없는 편지를 썼다. 그리고 후에 그것들을 모아서 책을 내었다.
'De Profundis' (심연에서)

편지를 부칠 수는 없지만 쓰는 것은 허락한다.

애인에게 보내는 서신의 형식을 취했지만 내용은 자신의 인생을 뒤돌아보는 것이었다.

감옥에 들어오자 이런 조언을 들었어. 내가 누구인지를 빨리 잊으라고. 참담한 조언이었지. 내가 조금이라도 위안을 얻는건 내가 누구인지를 생각할 때 뿐이거든...

2년의 형기를 마치고 석방된 것은 1897년 5월, 그의 나이 마흔 셋이었다.
영국에서 살 수 없었던 오스카 와일드는 프랑스로 건너가
세바스챤 멧모스라는 가명으로 살았다.

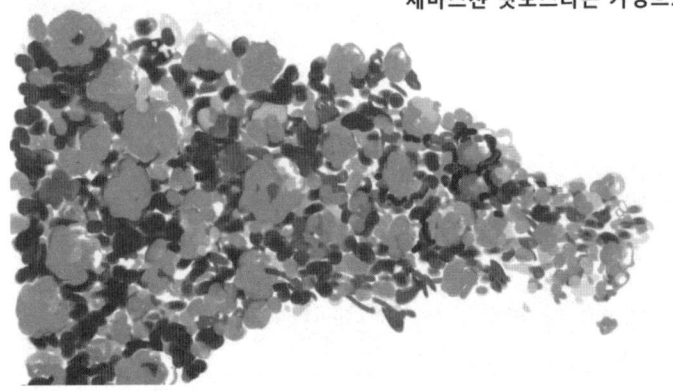

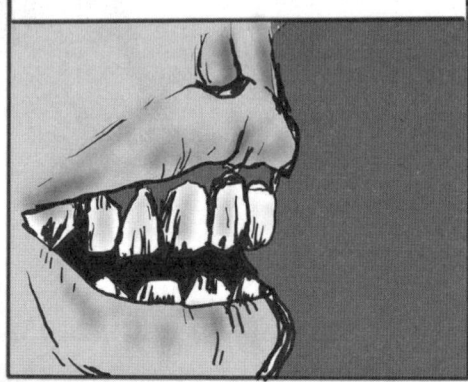
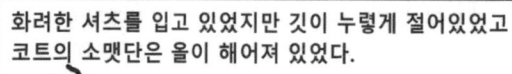

Chapter8. 그 시대의 쎌럽

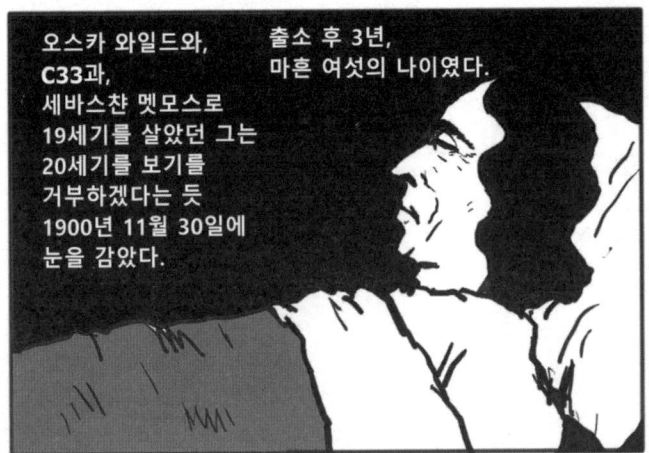

Chapter8. 그 시대의 쎌럽

하지만 반짝이는 허영 뒤에는 채울 수 없는 쓸쓸함이 있었던지 일생동안 여러번 카톨릭에 귀의하려고 시도했었다. 드디어 죽기 직전에 세례를 받고 임종성사까지 받았다.

임종의 침상에서 그는 더블린의 신동 소리를 듣던 행복했던 어린 시절을 떠올렸을까?

아니면 화려한 전성기를 추억했을까?
그도 아니면 젊은 날의 교만을 후회했을까?
그가 남긴 마지막 말은 카톨릭의 기도문이었다고 한다.

그의 최후는 워낙 화려했던 젊은 날이 있었기에 더욱 비참해보였다.
황금이 아닌 납으로 변해버린 그의 심장은 천사에게 거두어져 하늘나라로 잘 올라갔을까?

사라 베르나르와 오스카 와일드는 평생을 자유인으로
살려고 했던 매우 벨르 에뽀끄적인 인물들이다.
그런 만큼 그들의 생애는 드라마틱했다.
하지만 마지막으로 등장하는 이 여인 만큼 드라마틱
했을까?

쉬잔 발라동
(1865~1938)

시골 작은 도시의
어느 세탁부가
아버지를
알 수 없는
여자 아이를
하나 낳았다.

작은 도시의
따가운 눈총을 피해서
1870년 아이가
다섯살 되던 해에
빠리로
무작정 상경을
했는데,

빠리에 와서는 어디에 정착을 했을까?
그야 몽마르트르지. 집세가 제일 쌌거든.
오쓰만이 빠리를 개조하면서 시내를 근사한 건물들로
채우는 바람에 온갖 가난뱅이들이 몽마르트르로
내몰린 사연은 이미 앞에서 얘기한 적이 있지.

걸인 매춘부 행상 구직중
                    실업자

그 바람에 나폴레옹 3세나 오쓰만 남작이 전혀
의도하지 않았던 일이 벌어졌다.
몽마르트르라는 버린 지역에 프랑스 뿐 아니라
전유럽의 가난뱅이 예술가들이 모여들어
빠리의 예술해방구 처럼 되어버린거야.
그래서 몽마르트르는 오늘날에도 프랑스
근대예술의 상징처럼 되어있지.

Chapter8. 그 시대의 쎌럽

마리 발라동이라는 이 여자 아이는 지독히 가난했지만 몽마르트르의 자유분방한 분위기에서 왈가닥으로 자라났다. 열한 살부터 돈버는 일을 시작해서 별별 일을 다 해보았는데 급기야는 선망하던 몰리에르 써커스단에 입단해서 공중그네를 탔다.

써커스는 영화가 자리잡기 전 벨르 에쁘끄 시대 최고의 오락거리였다. 화가들 가운데도 써커스광이 많아서 로트렉이나 피카소는 써커스를 소재로 한 그림들을 여럿 남기기도 했지.

그러나 열다섯 살에 공중그네에서 떨어져 써커스단에서 나와야 했다. 만년에 그때를 이렇게 회고한다.

살면서 그때처럼 슬펐던 적은 없었다우.

써커스단을 나온 마리 발라동의 다음 직업은

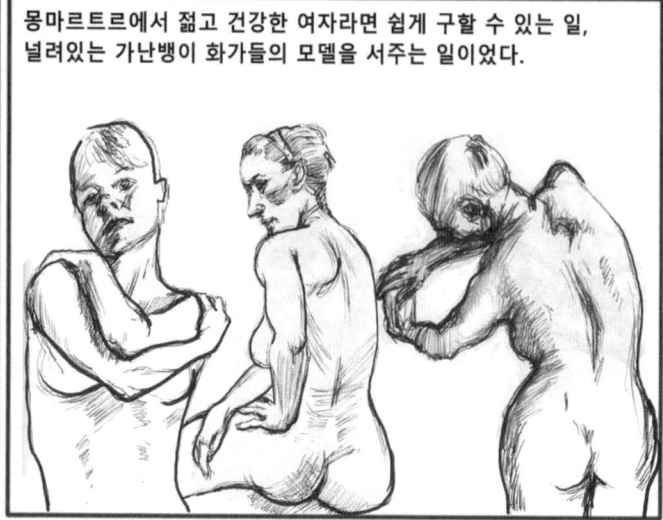

몽마르트르에서 젊고 건강한 여자라면 쉽게 구할 수 있는 일, 널려있는 가난뱅이 화가들의 모델을 서주는 일이었다.

이 시절에 그녀가 모델로 등장하는 작품들은 숱하게 많다. 대부분의 몽마르트르의 모델들이 그러했듯이 마리 발라동도 이들 화가들과 애인 역할을 겸업했을 것이다.
어쨌던 개성있는 미모와 써커스로 다져진 육체의 마리 발라동은 몽마르트르의 인기 모델이었다.

< 숙취
  뚤루즈 로트렉
  1888

< 머리 땋는 여인
  오귀스뜨 르노아르
  1885

> 부기발에서의 춤
  오귀스뜨 르노아르
  1883

쉬잔 발라동과 춤추는 상대로 르노아르는 자신을 그려넣었다.

Chapter8. 그 시대의 쎌럽

가난하고 배운 것 없고 제멋대로 이지만

반항적이고 주체적이고 자존심 드세고

야심만만하고 열정적인 이 처녀,

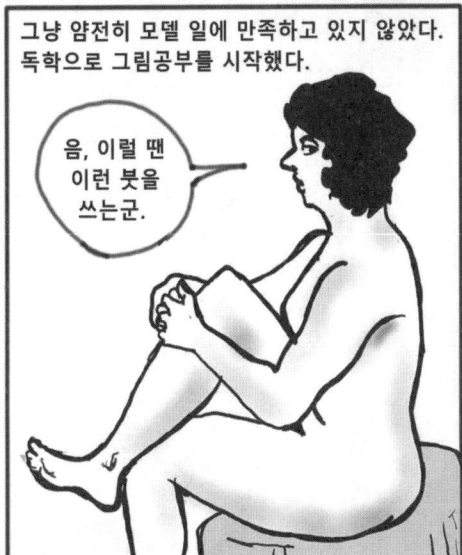
그냥 얌전히 모델 일에 만족하고 있지 않았다. 독학으로 그림공부를 시작했다.

음, 이럴 땐 이런 붓을 쓰는군.

나 이제부터 화가 할테야!

뚤루즈 로트렉의 눈에 띄어 그의 정부 겸 모델 겸 제자가 되었는데 쉬잔이라는 이름도 로트렉이 지어준 것이다.

이제부터 당신은 쉬잔이야, 쉬잔 발라동!

로트렉의 재능은 대단했어요. 그는 나의 우상이었죠.

< 세탁부
  1888

위생검진 >
  1894

Chapter8. 그 시대의 쎌럽

몽마르트르 밤거리 환락가의 스타들도 즐겨그렸는데, 물랑 루쥬 하면 떠오르는 캉캉춤의 창시자 라 굴르나

라 굴르의 대를 이은 전설적인 캉캉 댄서 쟌느 아브릴,

"사월이, 앙꼬르!"

캬바레의 스타 가수 이베뜨 길베르의 그림은 항의를 받았다.

"내 딸이 저렇게 못 생겼단 말이유?"

캬바레 검은 고양이의 사장이며 가수이기도 했던 몽마르트르의 터줏대감 아리스띠드 브뤼앙, 모두 로트렉 덕분에 이름이 남아있는 몽마르트르의 연예인들이다.

< 자화상
1893

누드 >
1919

이 이름의 화가와 그의 그림들은 기억이 나시겠지?

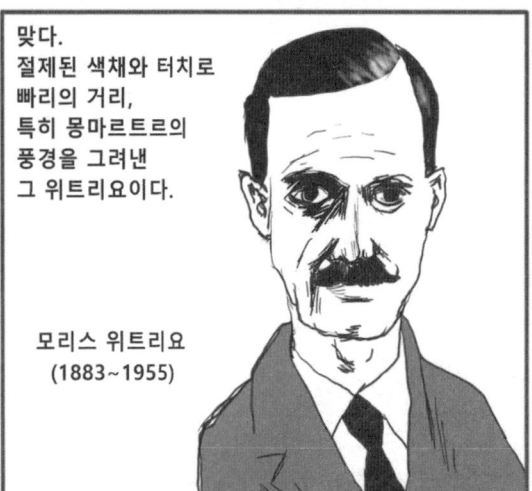

맞다.
절제된 색채와 터치로
빠리의 거리,
특히 몽마르트르의
풍경을 그려낸
그 위트리요이다.

모리스 위트리요
(1883~1955)

모리스 위트리요는
자기 엄마 뺨치는
문제아였다.
아주 어린 시절부터
폭주에 자해에
술버릇이
장난이 아니었다.

알콜중독으로 정신병동에 감금되는 일이
되풀이되었다.

"치료차원에서
그림을 그리도록
해봅시다."

알콜중독이 해결되지는 않았지만 그림에 열정을 보였다.
정식교육 없이 편집적으로 빠리의 거리 풍경들을
끊임없이 그려냈다. 기억과 스케치로도 그렸고 때로는
그림엽서를 보고 그리기도 했단다.

Chapter8. 그 시대의 쎌럽

로트렉에 위트리요에, 당시의 몽마르트르에는 주정뱅이와 알콜중독자들이 넘쳐났다.

보헤미안 분위기의 예술해방구였다.
세월이 흐른 후 우리나라에도 이런 벨르에뽀끄 시절의 빠리의 분위기가 영향을 미쳐 예술가들의 술버릇을 너그러이 봐주던 때가 있었지.

"나는 영원한 에트랑제..."

술은 어떤 시대의 세태와 풍속과 사회적 계급을 상징한다.
우리나라에서 농촌에서는 막걸리, 도시 월급쟁이들은 소주,

그러니 대통령이 논바닥에 앉아 농민들과 막걸리를 마시는 것이 대단한 정치적 상징이 될 수 있었던거지.

유럽에서는 노동자는 맥주, 부르조아들은 와인과 브랜디, 이런 식으로.

"난 공짜술은 다 좋다네~"

2차세계대전 직전의 빠리를 그린 레마르크의 소설 개선문을 읽다보면 이 세상에서 가장 쓸쓸한 사나이, 나치독일을 탈출한 망명객 라빅이 자주 마시는 술이 등장한다.

"깔바도스 한 잔 부탁하오."

그래서 이 쓸쓸하지만 멋져 보이는 사내를 흉내내느라 노르망디산 사과를 증류해서 만든 이 독한 술 깔바도스를 구해서 마셔보았는데 꽤 맛이 좋다.
그렇다면 벨르 에뽀끄 시대의 대표적인 술을 하나만 꼽으라면 어떤 술이 될까?

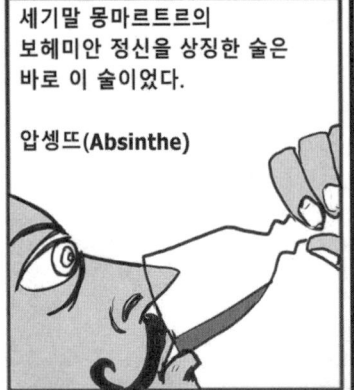
세기말 몽마르트르의 보헤미안 정신을 상징한 술은 바로 이 술이었다.

압셍뜨(Absinthe)

여러종류의 허브를 넣어 독특한 녹색을 띄었는데 이 때문에 녹색요정이라는 별명으로 불렸다.

각설탕을 찬물로 녹이면서 희석해 마시는게 일반적인 음주법이었는데,

압셍뜨는 환각, 환시를 일으키곤 했다. 술에 들어간 허브들이 환각작용을 일으킨다는 이야기가 나돌았지만 사실은 50도가 넘는 독주를 너무 많이 마신 탓일게다.

압셍뜨는 이 시절 에밀 졸라나 모빠상의 소설에도 빈번히 등장하며 몽마르트르 화가들의 그림에서도 자주 만날 수 있다.

에두아르 마네
압셍뜨 마시는 사람
1859

에드가 드가 / 압셍뜨 / 1876

파블로 피카소
까페에서 압셍뜨 마시는 여인
1902

Chapter8. 그 시대의 쎌럽

재미있는 사실은 압셍뜨의 등장과 몰락이 프랑스 와인산업과 밀접한 관계가 있다는거지.

19세기말 아메리카대륙에서 들어온 필록세라라는 해충이 프랑스의 포도밭을 전멸시켰다. 그래서 칠레나 미국 캘리포니아에서 기르는 신대륙의 와인용 포도가 오히려 원조 품종이라는 거야. 왜냐하면 필록세라가 물러간 후 프랑스는 신대륙에서 포도 종자를 역수입해서 포도밭을 재건했거든.

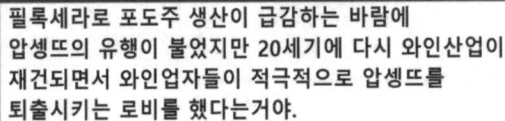
필록세라로 포도주 생산이 급감하는 바람에 압셍뜨의 유행이 불었지만 20세기에 다시 와인산업이 재건되면서 와인업자들이 적극적으로 압셍뜨를 퇴출시키는 로비를 했다는거야.

압셍뜨는 아편과 같은 마약이다.

프랑스인이 마시기에는 너무 천박한 술이야!

상대는 에릭 사띠

에릭 사띠
(1866~1925)

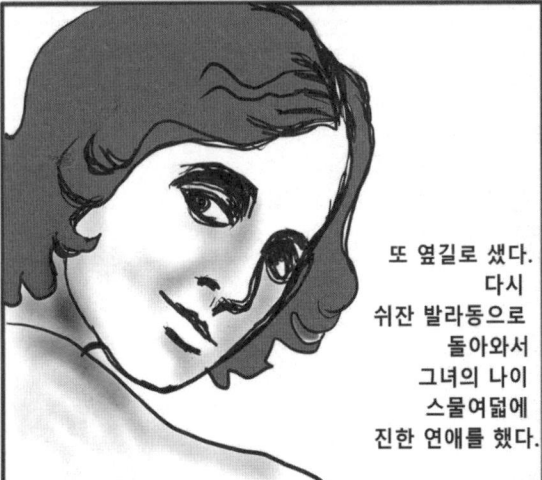
또 옆길로 샜다. 다시 쉬잔 발라동으로 돌아와서 그녀의 나이 스물여덟에 진한 연애를 했다.

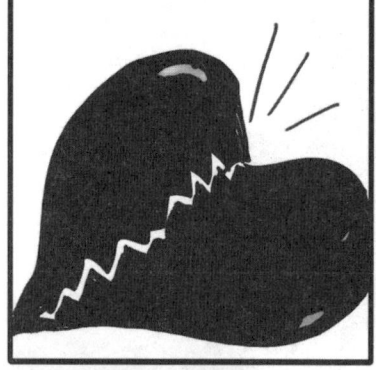

Chapter8. 그 시대의 쎌럽

인생 역전!

시골 세탁부가 낳은 사생아, 써커스단의 견습 곡예사, 가난뱅이 화가들의 모델이자 정부였던 그녀가 난생 처음 하녀와 정원사와 요리사가 있는 안락한 저택에서 부르조아 마나님 생활을 시작했다.

풍족한 생활과 여가가 보장된 이 시기에 그녀는 먹고 살 걱정 없이 수많은 작품들을 생산했다.

하지만 그녀의 일생이 이렇게 끝났다면 사라 베르나르와 오스카 와일드와 함께 벨르 에뽀끄의 쎌럽으로 소개하지 않았을 것이다.

또 하나의 반전이 남아있다.

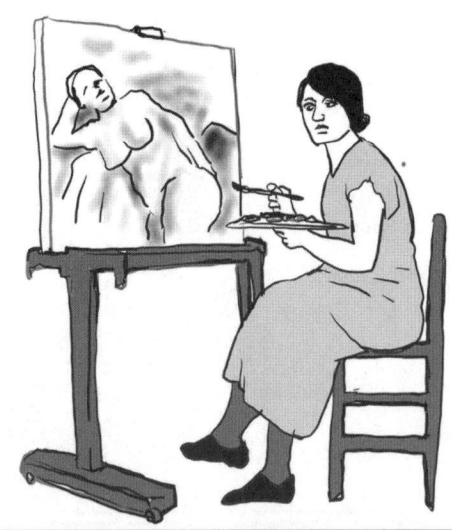

Chapter 8. 그 시대의 쎌럽

이런 걸 보면 쉬잔 발라동이 에릭 사띠를 차버리고 잘나가는 주식중개업자 뽈 무시에게로 간 선택이 당연한 것이었는지도 모르겠다.

하지만 불같은 이 여인,

야생마같은 팜므 파딸.

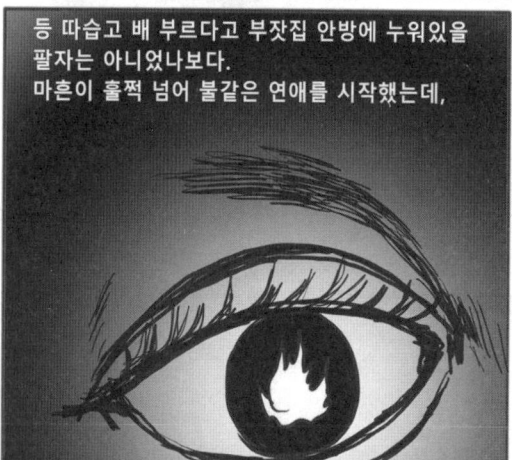

등 따습고 배 부르다고 부잣집 안방에 누워있을 팔자는 아니었나보다.
마흔이 훌쩍 넘어 불같은 연애를 시작했는데,

상대는 바로

아줌마, 모리스가 또 뻗었어요.

아들 모리스 위트리요의 친구인 화가 앙드레 위떼르였다.

쉬잔 발라동 마흔네살, 앙드레 위떼르 스물세 살이었다.

Chapter8. 그 시대의 쎌럽

삶 자체가 아방 가르드였던 한 여인의 일생에서 우리는 벨르 에뽀끄 그 시대의 역동성을 보게 되고

그 시대의 낙관주의와, 계층과 관계없이 재능있고 운명에 맞서는 자에게 베풀었던 관용을 보게 된다.

빠리의 밑바닥 몽마르트르, 몽마르트르에서도 밑바닥 계층인 가난한 미혼모 세탁부의 사생아에서 출발했던 쉬잔 발라동은 빠리의 지명에 그 이름을 남겼다.

몽마르트르의 꼭대기에 위치한 싸크레 꾀르 성당으로 오르는 푸니쿨라의 출발지점 앞에 있는 조그만 광장을 이렇게 이름 지었다.
Place Suzanne Valadon
(쉬잔 발라동 광장)

그리고 몽마르트르 꼭대기에서 멀지않은 계단길에는 그녀의 애물단지 아들, 그러나 독학으로 세계미술사에 이름을 남긴 모리스 위트리요의 이름이 붙여져 있다.
Rue Maurice Utrillo
(모리스 위트리요가)

Chapter 9

부수는 자들 　아나키즘의 시대

이 세상에 죄없는 부르조아란
존재하지 않는다.
-에밀 앙리

그러나 그 시대라고 마냥 너그럽고 평화로웠던건 아니다.
세상과 운명에 저항하고 지어진 모든 것을 부수려는 자들이 있었으니,
벨르 에뽀끄는 아나키스트(Arnachist)들의 시대이기도 했다.

써클 에이 (아나키즘의 심볼 로고)

단순히 '무정부주의'라고 번역하기엔 훨씬 복잡한 사람들이었다.

그들이 부수려고 했던 것은 무엇이었을까?

국가?
정부?
부르조아?

Chapter 9. 부수는 자들

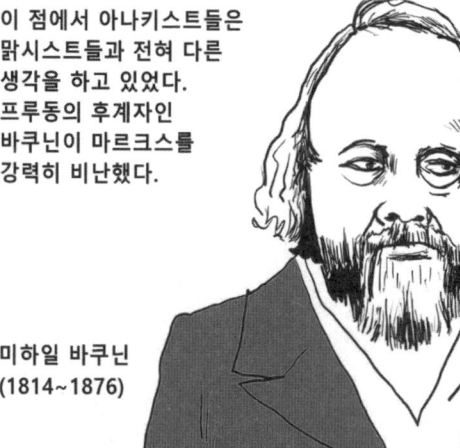

Chapter9. 부수는 자들

133

혁명은 자생적이고 자발적인 민중에 의해서 일어난다.
이들을 조직화하고 교육하려는 어떤 의도도 또 다른 형태의 권력일 뿐이다.
마르크스 말대로 했다가는 우리가 무너뜨리려고 하는 권력이 다른 형태의 권력으로
대체되는 것을 보게될 뿐이다.

마르크스주의는 전체주의이다!

20세기 이후 마르크스주의의 전개를 보면 바쿠닌의 말이 백번 옳다.

Chapter9. 부수는 자들

Chapter9. 부수는 자들

벨르 에뽀끄는 유럽에서 자본주의가 무르익던 시대였다. 유럽의 모험적 기업가정신은 국부를 비약적으로 성장시켰다.

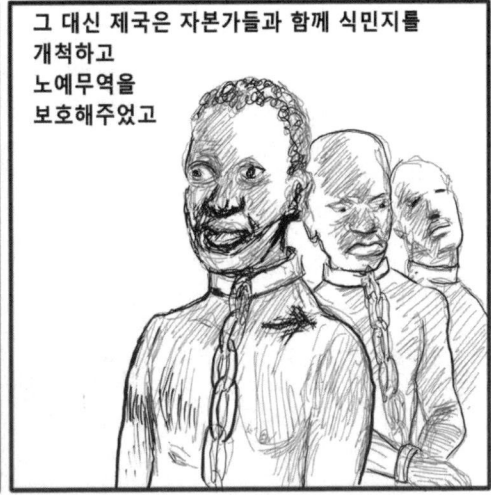

그 대신 제국은 자본가들과 함께 식민지를 개척하고 노예무역을 보호해주었고

자본가들의 이익을 보호하기 위하여 필요하다면 전쟁까지도 치러주었다.

아편전쟁

자본주의는 인간의 탐욕(Greed)을 인류발전의 동력으로 정식으로 인정한 최초의 체제이다.

개인이 이기심에 따라 탐욕을 추구하더라도 '보이지 않는 손'이 다 알아서 뒷처리를 해준다.

아담 스미스

하지만 이 탐욕이 불러온 초기자본주의의 그늘에 대한 이해는 아직 부족할 때였다.

1970년대에 김민기라는 가수가 만들어서 부른 '강변에서'라는 노래가 있었다.

이렇게 시작한다.

'서산에 붉은 해 걸리고
강변에 앉아서 쉬노라면
낯익은 얼굴이 하나 둘
집으로 돌아온다.
늘어진 어깨마다 퀭한 두 눈마다
빨간 노을이 물들면
웬지 마음이 설레인다.'

달동네의 어린 소녀
순이가
강건너 공장에 일하러 갔다가
변고를 당하는 내용인데

노래 가사는 이렇게 이어진다.
강건너 공장의 굴뚝엔
시커먼 연기가 펴오르고

순이네 뎅그런 굴뚝엔
하얀 실오라기 펴오른다.

어떤 사람에게는 공장의 굴뚝이
산업근대화와 경제성장의 상징이었지만

어린 여공 순이네 식구에게는
억압과 착취의 장이었다.

김순이

이 세상을 다
뒤집어 엎어야 해!

우리 1970년대의 정서가
이랬을진대
100년전 유럽의
초기산업사회에서
크로프트킨과
말라테스타의 선동이
얼마나 그 시대 노동자들의
심금을 파고들었을지
상상이 간다.

Chapter9. 부수는 자들

Ⓐ Chapter9. 부수는 자들

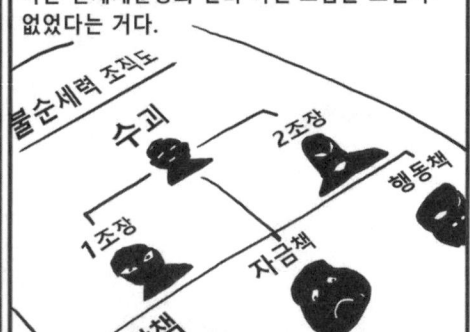

Chapter9. 부수는 자들

베리 레스토랑으로 출동했는데 얼마나 날쌔고 힘이 세던지 경찰 열 명이 쩔쩔 맸다고 한다.

19세기말 프랑스에서 가장 유명한 무법자가 된 라바숄이다.

라바숄 (1859~1892)

그가 여덟 살때 아버지가 집을 나갔고 그는 다섯 식구를 책임지는 소년가장이 되었다.

철이 들 때쯤 공장 근처의 무정부주의 모임을 기웃거리게 되었는데

이 사람들 말이 가슴에 팍팍 와닿는군.

이 때문에 다니던 염색공장에서 쫓겨났다.

자네같은 위험분자를 놔둘 수는 없네.

여동생 하나는 병원비가 없어 손도 못 써보고 죽었고 누나는 누구의 아이인지도 모르는 아이를 임신해서 돌아왔다.

라바숄은 생계를 위해서라면 무슨 일이라도 했다. 무덤을 도굴해서 부장품을 팔기도 했지.

Chapter9. 부수는 자들

라바숄은 자기 나름의 무정부주의를 만들어갔다.

짐승과 같은 생활을 벗어나기 위하여 부자의 돈을 뺏는 것은 가난한 자의 정당한 권리다.

그냥 굶어죽는 것이야 말로 비겁한 일이다. 살기 위해서라면 나는 강도도 살인도 마다하지 않겠다.

실제로 수전노로 유명한 이웃의 아흔두 살 노파를 살해하고 돈을 훔쳤다.

'죄와 벌'의 라스콜리니코프와 비슷하지만 라바숄은 라스콜리니코프 처럼 거리를 헤매며 고민하는 따위의 일은 하지 않았다.

난 그런 소설 나부랭이는 읽은 적도 없소.

아아, 고통이 깊을수록 신은 가깝도다.

그는 감옥에서나 재판정에서나 당당했고 두려움이라곤 없었지.

내 손을 보라구. 내가 죽인 부르조아의 수가 아마 손가락 수 만큼은 될걸?

나는 끌리쉬의 형제들을 위하여 비겁한 부르조아의 앞잡이들에게 복수의 폭탄을 던졌소.

Chapter9. 부수는 자들

라바숄이 마쵸였다면 바이양이란 사내는 성실하고 소심한 편이었다.

오귀스뜨 바이양
(1861~1894)

부모가 버리는 바람에 먹고살겠다고 좀도둑이나 구걸로 연명하며 자랐다.

어찌어찌 학교를 마치고 주간지 편집 일을 하는 화이트칼라의 직업도 가져보았으나 벌이가 시원찮았나보다.

새로운 인생을 꿈꾸며 아르헨티나까지 갔다가 그 마저도 잘 안 풀려 1893년 빠리로 돌아왔다. 이혼한 전처 사이에 얻은 딸과 새 애인을 먹여살려야 했다.

사정이 급해서 그러는데요, 일자리 있을까요?

불경기라서...

딴 데 가서 알아보슈.

번번이 거절을 당하며 절망이 깊어갔다.

구두도 다 떨어져서 발가락이 보이네요.

누가 버린 장화를 주워신고 다니면서 일자리를 구했지만 일은 안 풀렸다.

면접 보러 오셨나요?

 Chapter9. 부수는 자들

사건이 발생한지 두달만에 바이양은 기요땡에 목이 잘렸다.
그리고 일주일 후 한 청년이 사람들로 붐비는 쌩라자르역의 까페에 들어왔다.

청년은 맥주를 한 잔 주문한 후 씨가를 피워물었고

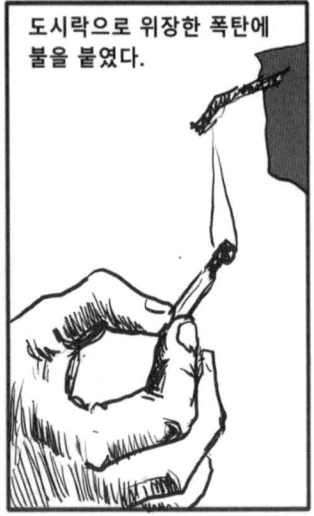

도시락으로 위장한 폭탄에 불을 붙였다.

꽈광

수십명이 다치고 한 명이 죽었다.

이번에는 관리도 아니고 국회의원도 아니고 검사도 아닌 저녁나절에 맥주 한 잔 하러온 시민들이었다.
소프트 타겟을 노린 테러에 사람들은 경악했다.

이 청년 에밀 앙리는 폭탄에 불을 붙인 후 빠져나오다가 현장에서 체포되었는데 온 집안이 혁명가들이었다.
아버지 포뛰넨 앙리는 빠리꼬뮌 때 사형선고를 받고 스페인으로 도주한 상태였고 형도 과격한 아나키스트 웅변가였다.

에밀 앙리는 이 시대 무정부주의 테러리스트들 가운데 학벌이 제일 좋았다. 최고의 수재들만 입학한다는 에꼴 뽈리떽의 학생이었다.
교수와 싸우다가 중도에 퇴학을 당하긴 했지만.

에밀 앙리
(1872~1894)

Chapter9. 부수는 자들

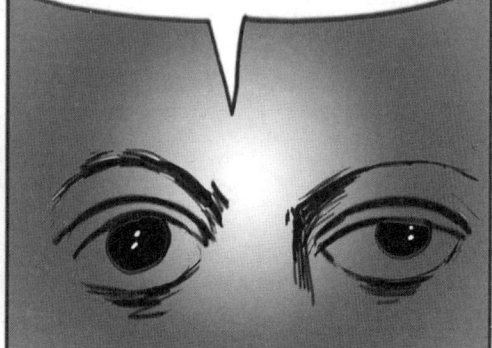

Chapter9. 부수는 자들

급기야 에밀 앙리가 처형된 한 달 후 리옹의 박람회에 참석했던 까르노 대통령이 이탈리아 청년이 찌른 칼에 암살 당했는데,

다음날 대통령 부인은 범인 산테 카세리오가 미리 보내둔 편지를 받는다. 바이양의 사진 위에 이렇게 적혀 있었다.

이야기를 약간 돌려보자.

당시 오스트리아 제국의 황태후는 유럽 최고의 미인으로 소문난 엘리자베스였다. 시시라는 애칭으로 불리기도 했던.

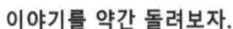

오스트리아 황태후
엘리자베스
(1837~1898)

1866년 프러시아에게 패하여 독일연방의 주도권을 빼앗겼지만 여전히 유럽의 강국인 오스트리아의 황제 프란츠 요셉이 지극히 사랑하는 부인인데다 아름답기까지 했으니 이 여인 복도 많지 세상에 부러울게 있었을까 싶다.

그녀는 날개를 숨기고 있는 천사 같아요. 세상 일이 짜증스러울 때면 어디론가 날아가 버리죠.

루마니아 여왕 카르멘 실바의 말대로 엘리자베스 황후는 언제나 남편과 황궁을 떠나 세상을 떠돌아 다녔다. 복이 겨울 것만 같은 그녀에게 어떤 세상일이 그리 짜증스러웠을까?

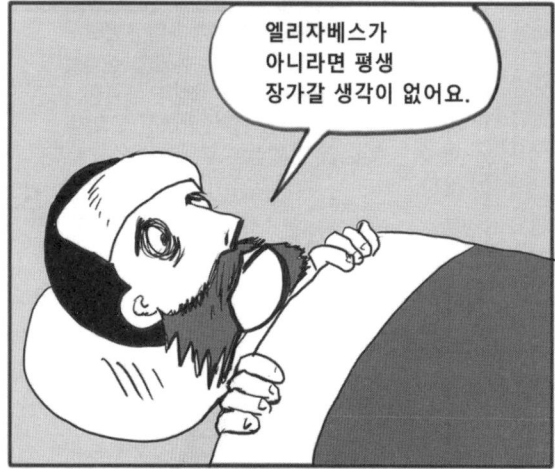

Chapter 9. 부수는 자들

이렇게 풍류객 아버지 아래서 자유롭게 자라던 엘리자베스는 합스부르그가의 까다로운 궁중 격식에 질려버렸다.

"여기에 무조건 맞춰야 하옵니다."

게다가 결혼 2개월만에 임신이 되자 열여섯 소녀는 당황했겠지.

"제가 아기 엄마가 되는거예요?"

"황공합니다. 황후의 첫째 임무는 후손의 생산입니다."

이모이자 시어머니인 소피 모후는 엘리자베스를 못 미더워했다.

"애가 애를 기를 수 있겠소?"

자기도 모르는 사이에 첫딸의 이름이 지어졌고 자신의 딸이지만 시어머니의 허락을 받고서야 방문해서 딸을 만날 수 있었다. 이듬해 둘째 딸을 출산했는데 마찬가지.

"내 이름을 따서 첫애는 소피야."

이모보다는 시어머니였나보다. 고부갈등의 스트레스가 엘리자베스를 엄청나게 짓눌렀다. 남편 프란츠 요셉 황제의 적극적인 중재를 기대했지만 엘리자베스를 찍어서 고집 부릴 때의 소신은 온데간데 없고 원래의 마마보이로 돌아가 있었다.
불면증, 호흡곤란, 어지럼증, 부종, 소화불량...웬만한 잡병은 다 달고 살았다.

"또 졸도여? 우리 같은 건 아플 새도 없는데"

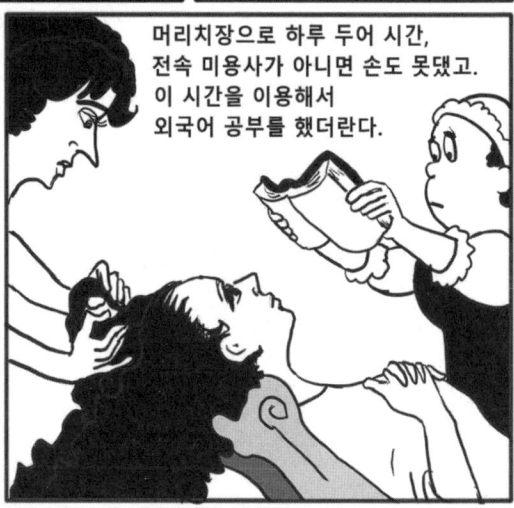

Chapter9. 부수는 자들

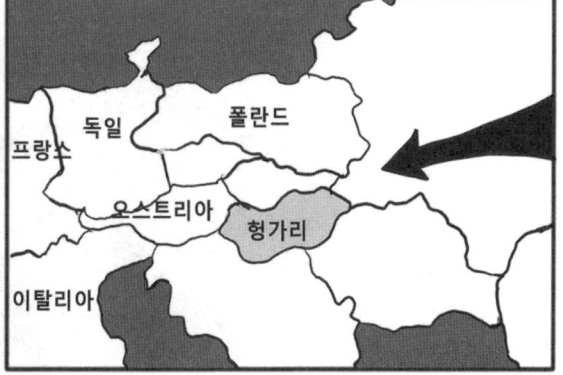

5세기에는 흉노족의 침입을 받았고

13세기에 몽골의 침략전쟁 때는 무려 50만명이 죽었다. 전국민의 절반 가까이 되는 규모였단다.

16세기 이후에는 지속적으로 오토만제국의 침략과 지배를 받아야 했고

16세기 이후에는 오스트리아 합스부르크 왕가의 통치를 받게 되었는데 엘리자베스가 황후가 된 이후에는 헝가리와 오스트리아 사이에 문제가 생기면 그녀가 합스부르크 왕가 안에서 헝가리 입장을 대변하곤 했다.
1867년 오스트리아-헝가리 협약이 타결되는 과정에서 난관에 봉착할 때마다 그녀는 합스부르크 왕가에 헝가리 입장을 설득하여 회담이 깨지지 않도록 했다.
1867년 오스트리아-헝가리 이원체제의 탄생에는 엘리자베스의 이런 숨은 공로가 있었다.

협정 전

합스부르크 왕가
프라츠 요셉 1세 황제
엘리자베스 황후
↓
오스트리아제국
↓
헝가리

1867년 협정 후
(오스트리아-헝가리제국)

합스부르크 왕가
프란츠요셉 1세 황제 / 프란츠 요셉 국왕
엘리자베스 황후 / 엘리자베스 왕비
↓
오스트리아제국 / 헝가리왕국

사랑은 주고 받는 것.
헝가리의 처지를 동정하고 헝가리 말을 배울 정도로 애착을 보이는 엘리자베스 황후를 헝가리 국민들도 사랑해 마지않았고 애정을 담아 '시시'라는 애칭으로 불렀다.

지금도 부다페스트에는 그녀의 동상이 남아있다.

Chapter9. 부수는 자들

어쨌던 그녀는 비엔나의 궁정을 비울 때가 더 많았는데 이 방랑벽을 더욱 부채질한 사건이 터지게 된다.

황후가 된지 4년만에 얻은 아들, 유일한 황위계승자 루돌프 황태자에 관련된 사건이다.

스물셋 되던 1881년에 벨기에의 스테파니공주와 결혼했는데 부부관계가 순탄치 않아 별거생활을 하게 되었다.

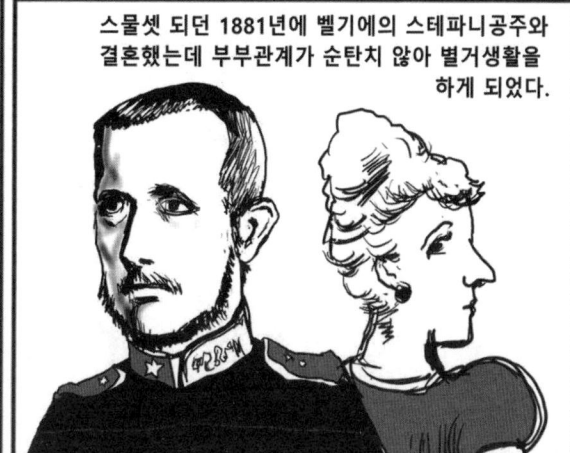

교황 레오 13세에게 여러차례 이혼을 허락해줄 것을 요청하였으나,

"안 됩니다. 하늘이 맺은 것을 사람이 풀 수 없습니다."

술과 방탕한 생활로 세월을 보내던 중 마리 벳체라라는 귀족 처녀를 알게 되었다.

이 당시 큰 재산을 축적한 신흥 부르조아들이 귀족 작위를 받는 경우가 더러 있었는데 그런 집안이었나보다. 이름도 집에선 영국식으로 메어리라고 불렀단다.

일본 식민지 시절 윤심덕이라는 신여성이 있었다. '사의 찬미'라는 당시의 히트곡을 부른 가수였지.

광막한 광야를
달리는 인생아
너의 가는 곳
그 어데이냐
(중략)
세상의 것은
너에게 허무니
너 죽은 후에는
모두 다 없도다.

이바노비치의 '도나우강의 잔물결'이라는 곡에 윤심덕이 가사를 붙인 번안곡인데 가사를 보면 당시 지식인들의 낭만적 염세주의를 느낄 수 있다.

"아~ 허무하도다."

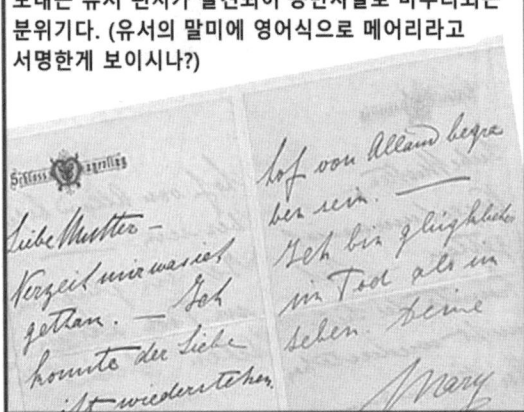

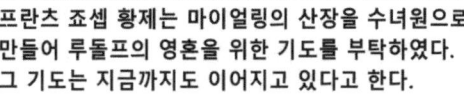

이 마이얼링사건은 1차 세계대전의 발발과도 무관하지 않다.
직계 계승자가 끊어지는 바람에 루돌프 황태자의 사촌이 황위 계승자로 정해졌는데
나중에 나올 이야기이지만 그가 바로 1차세계대전의 발단인 사라예보 암살사건에서 희생 당한 프란츠 페르디난트 대공이거든.

프란츠 페르디난트
(1863~1914)

이탈리아인 루이지 루케니.
이탈리아는 오스트리아에서 알프스만 넘으면 도착하는 이웃나라였지만 엘리자베스와 루케니가 살던 두 세계는 몇광년의 거리가 있었다.

루이지 루케니
(1873~1910)

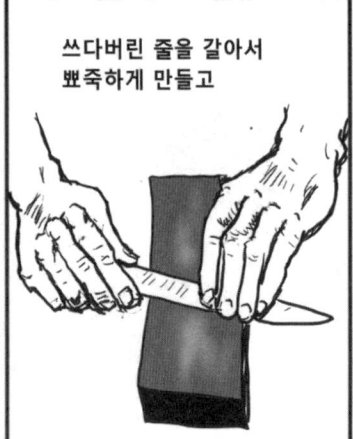

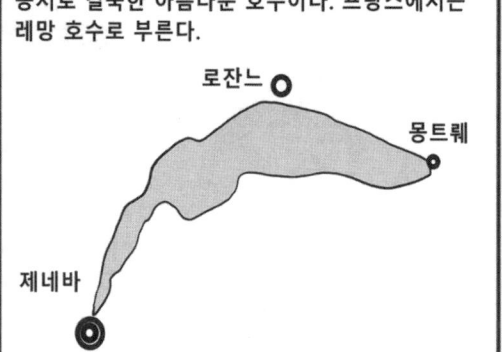

Chapter9. 부수는 자들

엘리자베스 황후는 시중드는 헝가리의 스타라이 백작부인과 함께 제네바 호수 선착장에서 몽트뢰로 가는 배를 타려고 호텔을 나섰다.

호텔 근처에서 어슬렁거리고 있던 루케니는 두 여인을 발견하고 다가가

지위가 더 높아보이는 여인의 파라솔을 들쳐서 얼굴을 확인하고

품속에 지니고 있던 줄칼로 만든 지저분한 단도를 여인의 가슴 아래로 깊숙히 찔러넣었다.

이것이 두 세계의 만남이었다.

Chapter9. 부수는 자들

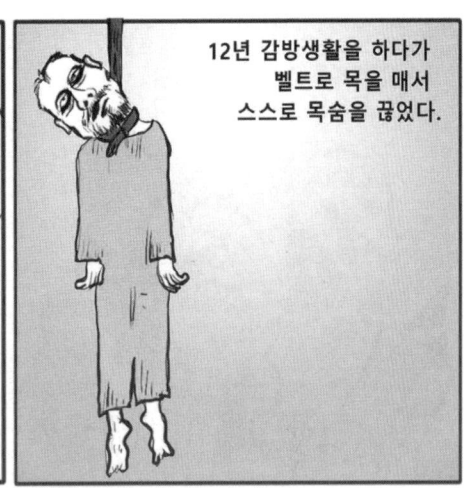

Chapter9. 부수는 자들

자본주의가 번창하기까지에는 역사적으로 많은 사람들의 아이디어와 발명과 기여가 있었지.
산업발전에 응용된 각종 과학기술의 기여는 말할 것도 없지만 그게 다가 아니다.

인류는 일찍이 돈, 즉 화폐라는 개념을 발명했으며,

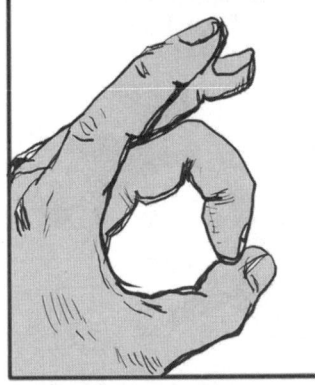

아담 스미스는 인간의 탐욕을 발전의 요인으로 인정하였으며

막스 베버가 분석한대로 종교까지 자본주의 직업을 합리화 해주었지.

하늘이 내린 소명이라고 본거죠.

주식회사 같은 유한책임회사라는 개념을 발명하지 못했으면 오늘날 같은 자본주의의 성장은 불가능 했을걸.

법인이라는 기상천외한 가상의 존재를 만들어 놓고 사람들은 투자한 범위 안에서만 책임지면 되니까 기업이란게 거대한 자금도 모을 수 있게 되었고 리스크를 감수하고 활동을 할 수 있는 환경이 조성된거지.

투자하세요. 최악의 경우에도 베팅한 돈만 잃으면 되요. 전체 책임은 이 법인이 다 져줍니다.

종이 쪼가리가 책임을 진다구?

Chapter9. 부수는 자들

이처럼 자본주의 체제의 기초는 허약하다.
신용(Credit)이라는 뻥튀기와
법인이라는 가공의 존재와
현실과 거리가 먼 가정 위에서
어마어마한 부가 순환하는 것이다.
인류 역사상 최대의 풍요를 가져다 준
체제인 자본주의는 이처럼 신기루 위에 서있다.

그러므로 자본주의를 움직이는 에너지인
인간의 탐욕이 견제되고 조절되어야 한다.
보이지 않는 손이 모든 것을 해결해 주지는
않았다.

시장의 기능을 무시하고 힘으로만 통제하려는
시도도 어리석지만 시장이 모든 것을
해결해줄 것이라는 맹신도 망상이라는 사실을
자본주의 역사가 보여주었다.

1800년을 전후한 1차산업혁명은 자본주의의 이러한 약점들을 극단적으로 부각시켰다. 찰스 디킨즈의 올리버 트위스트 같은 소설을 보면 당시의 자본주의에는 약자의 보호와 배려란 개념이 아예 없었음을 알 수 있다.

노동자들은 살아남기 위해서 하루16시간, 주 6일을 일해야 했다. 최소한의 조명과 위생과 급여만이 제공되었다.

부익부 빈익빈의 시스템에 희망을 잃어갔고

자본가들의 절제 잃은 탐욕에 증오심을 키워갔다.

이익극대화!

근대 이전에는 이러한 불만이 전국의 농촌에 흩어져 있었으나 산업혁명에 따른 산업화와 도시화로 벨르에뽀끄 시대에 이르러서는 불만과 증오와 절망이 도시의 빈민가에 응축되어 폭발을 기다리고 있었다.

아나키스트 선동가들에게 이보다 더 좋은 환경은 없었겠지.

우리가 불씨만 튀기면 나머지는 자생적 자발적 노동자들이 혁명을 완수해 준다니까 그러네.

Chapter9. 부수는 자들

19세기말에서 20세기초에 걸쳐 유럽과 아메리카에 휘몰아쳤던 아나키스트의 광풍은 지나간 이야기일까? 그렇지 않을 것이다.
자본주의의 약점은 지난 100년 동안 많이 보완되었지만 여전히 완벽한 시스템이 아니라는 사실에는 변함이 없다.

자본가의 탐욕이 통제되지 않고 권력이 약자를 적절히 보호하지 않는다면 아나키즘의 폭력은 언제든지 살아날 수 있는 불씨이다.

1988년 지강헌 사건

유전무죄 무전유죄!!
이 사회는 썩었어!!

자본가들이 계속해서 법인의 부와 개인의 부를 구별하지 못하고

회사 돈도 내 돈 내 돈도 내 돈.

부당한 방법으로 대물림하여 다른 이들의 기회를 박탈하고

부모 잘 만나는 것도 실력이야.

돈으로 살 수 있는 것과 살 수 없는 것을 계속 구별하지 못한다면

당신들이 누구 덕분에 먹고사는데?

아나키즘의 망령은 언제든지 되살아날 수 있다. 그러므로 자본주의가 유지되려면 끊임없이 성숙한 도덕으로 새롭게 무장되고 보완되어야 하는 것이다.

조직과 계급과 권력을 부정한 무정부주의는 열매를 맺기 불가능한 모순을 내재하고 있었다.
이렇다 할 업적을 세계사에 남기지 못하고 마르크스주의자들에게 주도권을 내주고 역사의 무대에서
내려왔다. 하지만 강렬한 적개심을 바탕으로 하나의 유산을 남겼으니 프롤레탈리아 계급의 자각과
국경을 뛰어넘은 세계 노동자들 사이의 유대감이 그것이다.

이러한 계급적 자각과 유대는 후에 마르크스주의가 세력을 넓힐 수 있는 토양이 되었다.
아나키즘은 조직과 권력을 부정하는 바람에 이 땅 위에 그 아무 것도 건설할 수 없었지만
적어도 저항과 파괴를 통하여 스스로 의도하지는 않았지만
가장 반 아나키즘적이고 전체주의적인 체제, 공산주의 혁명이
자라날 수 있는 토양을 조성하고 사라진 것이다.

이를 상징적으로 보여주는 일화를 하나 소개하면서
부수는 자, 아나키스트들의 이야기를 맺고자 한다.

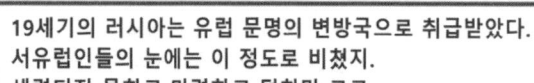

Chapter9. 부수는 자들

정세에 따라 온건한 자유주의적 정책과 강압적인 보수정책 사이를 오락가락했지만 권위주의적 짜르체제를 유지하려는 근본 입장에는 변함이 없었다.

1861년 농노해방

체제가 낙후된 만큼 아나키즘의 파괴성은 강렬하게 러시아의 젊은 지식인들을 자극했다. 앞서 나온 바쿠닌이나 크로포트킨도 러시아 귀족집안 출신의 지식인들이었다.

1887년 미국에서 헤이마켓 사건이 발생한 그해, 러시아의 쌍페테스부르그 대학생 몇 명이 은밀히 거사를 모의하고 있었다.

이들 젊은 아나키스트들이 모의하고 있던 일은 무모하게도 아직 짜르 체제가 시퍼렇던 그 시절에 알렉산드르 3세의 암살이었다.

알렉산드르 3세
(1845~1894)

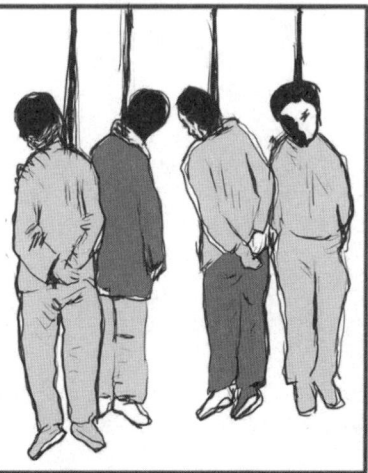

냄새를 맡은 짜르의 비밀경찰 오크라나에 의해 체포되어 이들 가운데 네명이 교수형에 처해졌는데

처형된 학생 가운데 알렉산드르 율리아노프라는 스물한살의 앳된 청년이 있었다.

그는 타고난 선동가와 조직가로서 볼셰비키 혁명을 이끌었고 공산주의 소비에트의 아이콘이 되었다.
이 책의 마지막에 다시 등장할 그의 이름은 블라디미르 울리아노프,
가명인 레닌으로 더 잘 알려져 있는 사내이다.

레닌
(1870~1924)

Chapter 10

나는 고발한다 <small>드레퓌스 사건</small>

거짓말을 가장 강하게 할 때는 우리 스스로를 속여야 할 때이다.
-에릭 호퍼

지금부터 거짓과 진실에 대한 이야기를 하고자 한다.
이 사건은 19세기말 프랑스에 일어나 전유럽의 지성을
시험하고 뒤흔들어 놓았다.

먼저 이 이야기의 주요 등장인물들 가운데 한사람인
에밀 졸라의 입을 빌려 몇가지 묻겠다.

우리는 거짓을 증오하고
진실을 추구하는가?

우리가 인정하기 싫은 진실이
있을 때 그것을 받아들일 용기가
있는가?

그 진실이 당신이 평소에
지지하고 편들던 진영의
치부를 드러내는 것이라도?

쉽게 대답하지 마시기 바란다.
개인의 가치관과 정치성향을 떠나 진실만을
추구하는 일이 얼마나 어려운가를
지금부터 이야기할 사건이 말해주고 있다.
오늘날 각종 소셜미디어나 포탈에 달리는
댓글들의 수준을 볼 때 **No**라고 대답하는
편이 훨씬 안전할지도 모른다.

모든 결과를 알고있는 현재의 입장에서 이 이야기를 들으면
당시의 대중들이 어리석어 보일지도 모른다.
하지만 지금의 우리가 그 시대의 대중들보다 더 지성적일까?
정보의 양은 더 많을지 몰라도 정보의 질은... 글쎄올시다.

Chapter10. 나는 고발한다

19세기말 이 사건으로 프랑스는 완전히 두동강이 나서 패싸움을 벌였다.
진보와 보수의 싸움이 이토록 처절했던 역사는 일찌기 없다. 프랑스는 국론분열로 엄청남 상처를 입었다.
시민과 정치가와 군인들이 뒤엉켜 두 패로 나뉘어졌고 해외의 지식인들까지 이 싸움에 뛰어들었다.
어떤 역사가들은 말한다. 이 사건은 대혁명이나 빠리꼬뮌보다 유럽의 근대사에 더 큰 영향을 미쳤다고.

영국이나 독일은 일사불란했지만 프랑스의 근대사는 어찌보면 분열과 대립의 연속이었다.

프랑스는 자멸할 것이다.

그러나 망하지 않았다.
나름대로 똘레랑스(관용성)의 전통을 키우며 다양성을 인정하는 사회로 성장했다.

그러나 19세기말 그때는 정말 망할 것 같았다.
당시 프랑스 사회에 잠재한 위선과 반목과 야만과 혐오의 판도라상자를 열어젖혔던 이 사건, 주인공이자 피해자의 이름을 따서 이렇게 부른다.

드레퓌스 사건

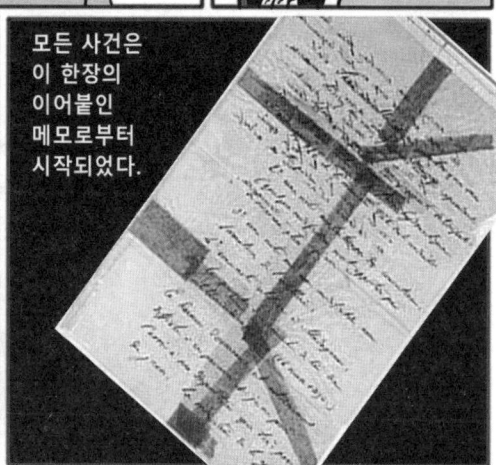

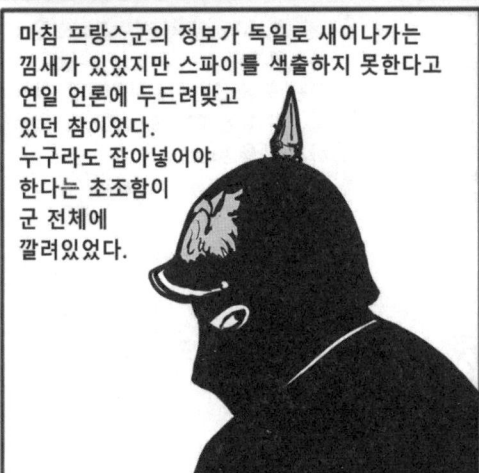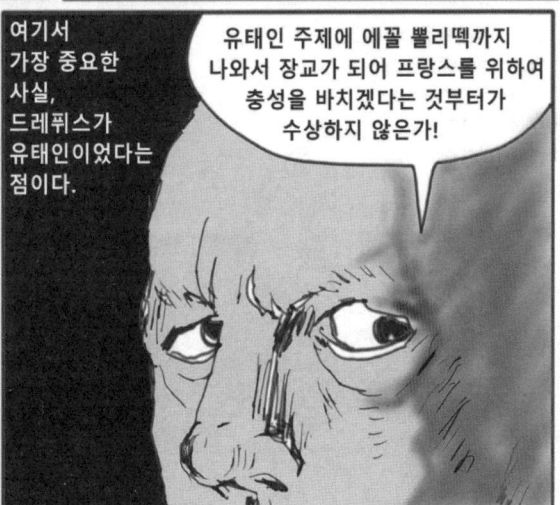

 Chapter10. 나는 고발한다

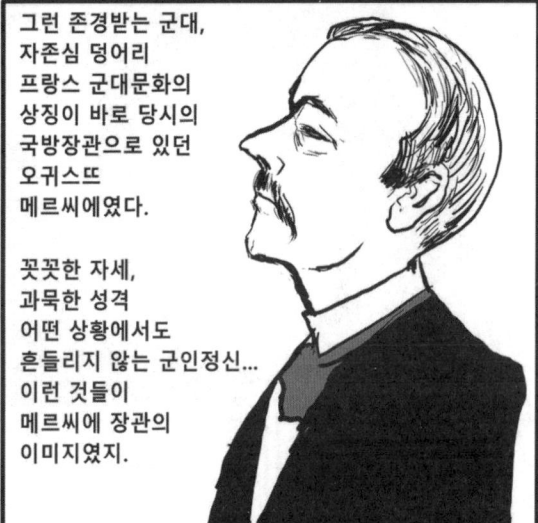

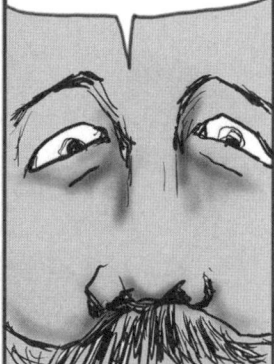

Chapter 10. 나는 고발한다

191

조작된 이 비밀문건은 재판에서 드레퓌스측에는 보여주지도 않고 증거물로 제출되었다.

저쪽 변호사는 민간인인데 군사기밀을 굳이 보여줄 필요가 있겠어요?

재판은 일사천리로 진행되었다.

무기징역을 선고한다. 악마의 섬으로 보내도록.

이번에도 빠삐용의 그 섬이다.

프렌치 기아나

프랑스군 장교의 명예를 더럽혔다!

군사학교 교정에서 장교 견장을 떼고,

칼을 빼앗아 부러뜨리는 모욕의 의식을 치른 후,

프랑스를 위하여 싸울 자격이 없다.

Chapter10. 나는 고발한다

대서양 건너 외딴 섬에 갇혀있는 드레퓌스가 빠리에 있는
독일대사관의 무관과 접촉할 수는 없었을거고,
이래서 새로이 스파이 혐의 용의자로 떠오른 자가 있었으니

페르낭드 왈신 에스터하지 소령.

 Chapter10. 나는 고발한다

Chapter10. 나는 고발한다

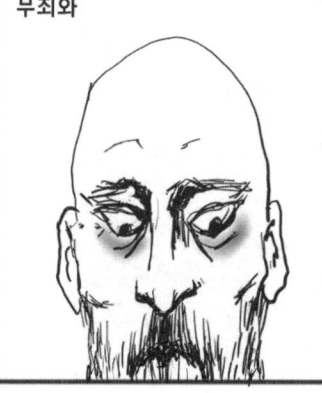
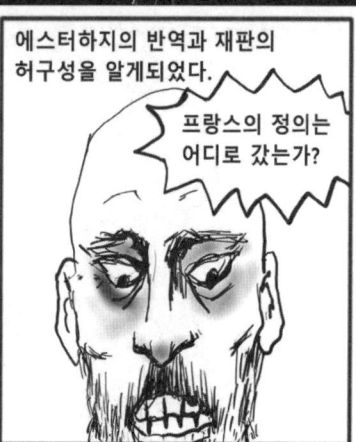

프랑스 대중들이 가장 싫어하는 두가지, 유태인과 독일이 결합된 사건이었기 때문이다.

유태인이...

감히 신성한 프랑스군에 잠입하여, 그것도 장교로...

불과 20년 전의 전쟁에서 치욕을 안긴 원수의 나라 독일에 프랑스 군사기밀을 팔아넘겼다.

이런 프레임에 갇혀버리고 만 것이다.

프랑스는 전통적으로 농업과 종교와 절대왕권의 질서 위에서 돌아가던 나리였다.
열심히 농사 짓고, 주일에 깨끗한 옷으로 갈아입고 성당에 가고,
절대군주에 순종하며 살아가던 나라였지.

이 옛날을 그리워하며 옛 질서로
돌아가고 싶어하는 것이
당시 프랑스 보수 우익의
성향이었고 그들이 외치는
위대한 프랑스였다.

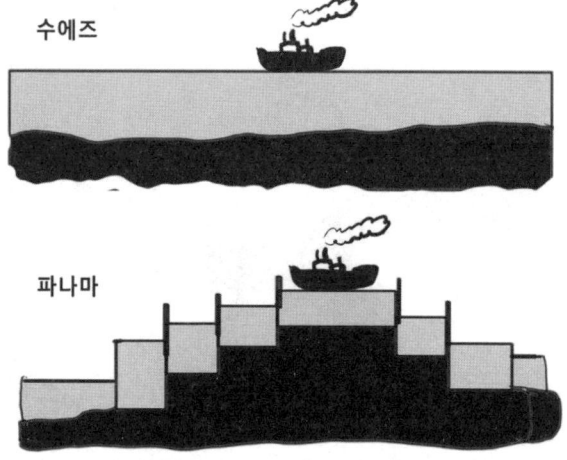

Chapter10. 나는 고발한다

드셉스는 수에즈운하 프로젝트를 이끈 영웅이었다. 하지만 파나마에서 그 영예를 다 까먹게 되지.

페르디낭 드레셉스 (1805~1894)

- 수에즈보다 훨씬 난공사인데요.
- 무슨 소리! 수에즈보다는 공사기간을 단축해야지.

모든 대실패는 성공의 경험때문이라고 했던가, 이 양반 엔지니어가 아닌 외교관 출신인데다 수에즈의 성공에 도취되어 돌격만 외쳐댔다.

고!

막상 시작해보니 수에즈는 천국이었다. 파나마에서는 앞이 보이지 않는 정글을 통과해야 했는데,

우기에는 강우량이 상상을 초월해서 삽시간에 강물이 10m씩 불어나 공사해놓은 구조물을 쓸어갔고, 독사와 독거미와 모기가 우글거리는 정글에서 말라리아와 황열병으로 한달에 200명이 죽어나갔다.

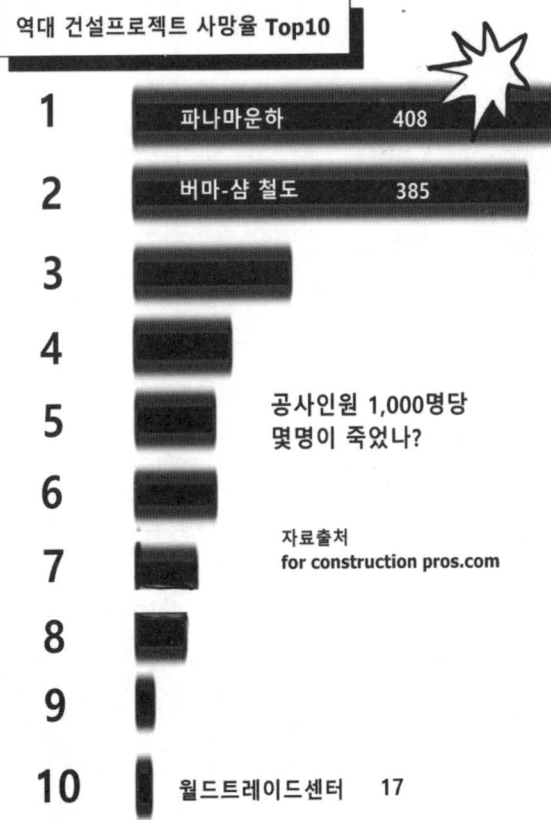

역대 건설프로젝트 사망율 Top10

1 파나마운하   408
2 버마-샴 철도   385
3
4
5
6
7
8
9
10 월드트레이드센터   17

공사인원 1,000명당 몇명이 죽었나?

자료출처
for construction pros.com

Chapter10. 나는 고발한다

이렇게 되자 우익언론들을 중심으로 유태인 음모론이 다시 고개를 들었다.

내용은 이렇다. 유태인들이 독일과 계약을 맺고 프랑스 사회를 부패시키고, 드레퓌스의 무죄를 조작하여 프랑스군의 명예에 흠집을 내어서 프랑스군의 사기를 떨어뜨리면 이 틈을 타서 독일군이 쳐들어오게 되어있다. 그리고 이 모든 음모의 배후에는 유태인의 지하 비밀단체, 쌩디까뜨가 있다는거지.

대중들은 드레퓌스의 반역죄를 굳게 믿었고 이 믿음에 반하는 어떤 주장에도 귀를 닫았다.

대중들은 정보가 없으니 그렇다 치자. 진짜 악당들은 누구인가?

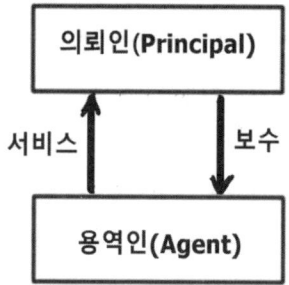

Chapter10. 나는 고발한다

은퇴한 김씨, 퇴직금을 굴려서 노후대비를 하려고

유명투자회사에 퇴직금을 몽땅 맡겼는데 전문트레이더 이씨가 담당하게 되었다.

그런데 이씨, 자기가 개인적으로 이미 투자하고 있던 종목의 주가를 올리려고 김씨의 퇴직금을 이 종목에 밀어넣었다가 다 날린거야.

특별히 신경 써드리는거에요.

도덕적 해이!

이씨가 전문가로서 최선을 다하다가 말아먹었으면 문제가 다른데 이 경우에는 용역인 이씨가 자신의 이익을 챙기려고 우월한 정보를 악용해서 보수를 주는 의뢰인 김씨의 이익을 침해했으므로 비로소 모랄 해저드라는 말을 쓸 수가 있는거지.

왜 모랄 해저드의 개념을 장황하게 이야기 했느냐? 드레퓌스사건에서 프랑스군부가 보여준 행태가 바로 심각한 모랄 해저드에 해당하기 때문이지.

프랑스 국민은 군인들에게 국방의 서비스를 맡긴 의뢰인이다. 국민들이 꼬박꼬박 내는 세금으로 국방의 용역을 맡은 군인들의 월급이 나온다.

세금 →
← 국방서비스

그런데도 드레퓌스사건에 대하여 정보를 독점하고 엉뚱한 사람을 잡아넣은 자신들의 실수를 은폐하기 위하여 이런 공갈을 한다.

드레퓌스사건의 군사재판 결과를 문제 삼는 건 프랑스군의 명예와 사기를 떨어뜨리는 일입니다. 자꾸 그러시면 독일군이 쳐들어와요.

그 땐 우린 몰라요.

참모총장 　　　　　　참모차장

자신들이 용역인이면서 독일과 유태인을 향한 증오심을 악용하여 의뢰인인 국민을 협박한 당시의 프랑스군부는 도덕적 해이 중에서도 아주 악질에 속한다고 할 수 있겠다.

Chapter10. 나는 고발한다

1898년 1월 13일 로로르(오로라)지의 1면 전체를 덮은 에밀 졸라의 투고문이 실렸다.

그 유명한 J'accuse(자뀌즈 ; 나는 고발한다)이다.

모든 문단이 '자뀌즈'로 시작되는 이 4,000단어의 명문장은 19세기말 프랑스와 유럽의 지식인들을 향한 호소문으로서 드레퓌스사건의 대전환점이 되었다.

Chapter10. 나는 고발한다

에밀 졸라는 조사책임자인 뒤빠띠대령을 행동책의 주모자로 고발했고

봐데프르 참모총장과 공스 차장이 인종적, 종교적 편견을 가지고 드레퓌스 사건을 처리했다고 고발했으며

프랑스군의 우상 메르씨에장관을 이 모든 사건의 책임자로 고발했다.

나도?

대통령에게 보내는 편지의 형식을 빌어 프랑스 사회의 반지성, 반유태주의의 부끄러운 민낯을 고발한 이 글을 전유럽의 신문이 옮겨실었다.

프랑스인들이 왜 이렇게까지 진실을 외면하려고 하는지 알 수가 없군요.

안톤 체홉

오스카 와일드

외국인들이 프랑스 내부 문제에 왜 간섭하는거냐구!

프랑스 안에서도 죠르쥬 끌레망소, 사라 베르나르, 아나똘 프랑스 등 에밀 졸라의 자뀌즈를 옹호하는 진보적 인사들이 없지 않았지만 역풍은 거셌다.

Chapter10. 나는 고발한다

 Chapter10. 나는 고발한다

"피고는 최후 진술을 하시오"

"나의 40년 프랑스 문학가로서의 업적을 걸고 말하겠습니다. 지금 악마의 섬에 있는 드레퓌스대위는 무죄입니다. 나의 모든 행동은 조국 프랑스를 거짓과 위선의 마수로부터 구해내고 프랑스다운 정의를 실현하려는 것입니다. 명예로운 판결을 기대합니다."

결과는 7대 5로 에밀졸라에게 유죄가 선고되었다.

"유죄!"

그러나 소득은 있었다. 이 중의 다섯명은 재판정의 압도적인 분위기와 신상을 공개하겠다는 극우신문들의 협박을 무시하고 무죄의 판단을 하였다.

에밀 졸라처럼 역사에 이름을 남기지는 못했지만 이 무명시민들의 진정한 용기를 우리는 주목해야 한다.

더 중요한 소득은 졸라의 의도대로 뜨거운 시선을 모은 자신의 재판을 통하여 드레퓌스사건의 다른 면이 세상에 알려졌다는 것이다.

"필사즉생."

많은 시민들이 이 사건에 관심을 갖게 되면서 군도 이제는 대충 자기들끼리 얼버무리기 힘든 상황이 되어버렸다.
사건이 군대의 밀실에서 햇볕이 비치는 광장으로 나오게 된거지.

Chapter10. 나는 고발한다

걸핏하면 고소, 고발이 이어졌고.

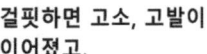

연일 시위가 벌어져 인형을 불태웠는데 화형식의 단골 메뉴는 에밀 졸라와 동생을 위해서 동분서주하고 있던 마띠외 드레퓌스였다.

이때의 프랑스를 보면 정말 곧 망할 것 같았다.

"유태인추종자!" "인종주의자!"

이건 당시의 만화이다.

크랑다슈(Cran d'Ache)는 미술용품을 생산하는 회사의 이름이 되어있지만 원래는 유명한 만화가 에마뉘엘 뽀아레의 필명이었다.

이건 그의 작품인데 제목은 '가족식사'이다.

윗칸에서 가장이 말한다.
"즐거운 식사자리에서 드레퓌스 얘기는 절대 꺼내지 말자구."

아랫칸에는 이런 설명이 달려있다.
"그들은 그 이야기를 꺼내고 말았다."

우리도 설날이나 추석에 오랜만에 모인 친척들끼리 쓸데없는 이야기 꺼내지 말자.

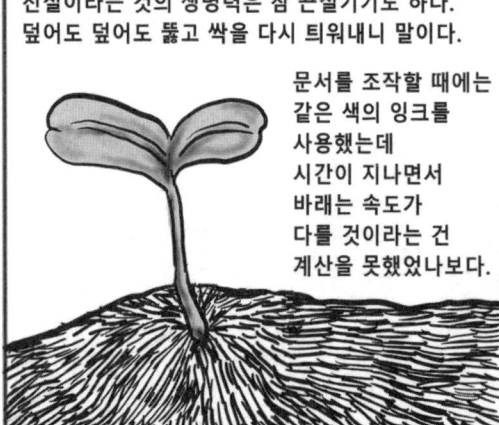

Chapter10. 나는 고발한다

그는 왜 자살을 택했을까?
불과 몇달 전에 앙리소령은 삐까르대령과
명예를 걸고 공개 결투를 벌였었다.

그런데 불과 몇개월 후에 왜?
상관들에 대한 배신감 때문에?
자신이 하나 죽음으로써 군대를 살릴 수
있다고 믿었을까?
또 영창 안에서 면도칼은 어떻게 구했을까?

이 미스테리는 제쳐두고 이야기의
진도를 나가보자.

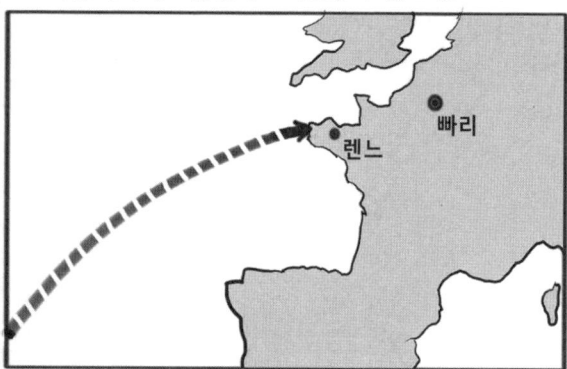

보수진영은 재심결정에 대한 불만으로 들끓었다.
1년 사이에 5명의 전쟁성장관이 연달아 사임했다.

Chapter10. 나는 고발한다

Chapter10. 나는 고발한다

재판이 한창이던 8월 14일 누군가가 재판정을 나서는 라보리를 등 뒤에서 쏘았다.

범인은 끝까지 잡히지 않았는데

- 모자를 썼어요.
- 눈이 컸을걸?
- 아니유, 째진 눈이에유.
- 생머리
- 곱슬머리
- 빠르던데유.
- 변호사 가방을 나꿔채서 쩌리로 도망쳤슈.

다행히 라보리는 목숨을 건졌다. 일주일만에 붕대를 풀지 않은 상태에서 다시 법정에 섰다.

9월 9일 드디어 판결이 내려졌는데 상당히 머리를 굴린 교묘한 결론이었다.

유죄!!

와아~

그러나 특별히 정상을 참작하여 형기는 5년으로 단축한다.

- 일단 유죄를 선고해서 군대의 체면을 살렸네.
- 하지만 무기징역에서 5년으로 감형을 했어.
- 그러면 이미 5년을 복역했으니 바로 석방되는 것 아닌가!

Chapter10. 나는 고발한다

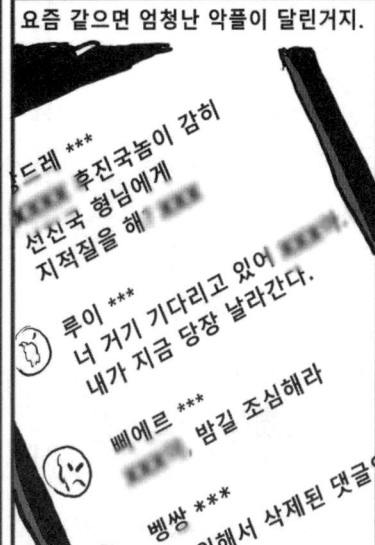

Chapter10. 나는 고발한다

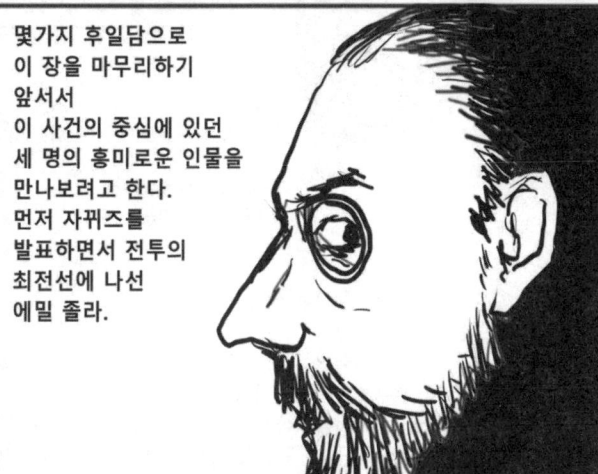

사실 프랑스와 이탈리아는 같은 라틴계 언어라
서로 말을 배우기도 쉽고 사람의 교류도 빈번했다.

비근한 예로 프랑스의 대중가요를 세계적으로
알리는데 큰 공헌을 했고 한때 애인 사이였던 두 사람,
샹송의 지존 에디뜨 삐아프와 '고엽'의 가수 이브 몽땅
모두 이탈리아 이민들이다.

Paul Cezanne
(1839~1906)

에밀 졸라의 고향은 프랑스 남부의 프로방스 지방이고
죽마고우로 자란 고향친구가 다름아닌 후기인상파를 대표하는 화가
뽈 쎄잔이다.

쎄잔은 일생동안 고향의 상징인 쌩뜨 빅뜨와르산을
여러장 그렸는데 이 산의 기슭에는 에밀 졸라의
아버지가 공사 기술자로 일한 댐이 있다.
하지만 졸라가 여섯살때 아버지가 세상을 떠나는
바람에 에밀 졸라는 찢어지게 가난한 유년시절을
보내야 했고 이때 은행을 하던 부유한 집안의 아들
쎄잔이 많은 도움을 주었다고 한다.

이 우정이 평생 이어졌으면 아름다웠을텐데
에밀 졸라가 자기 소설에서 누구나 읽어보면
세잔이 모델이라는 걸 알아차릴만 한 주인공을
재능이 야망을 못따라가는 화가로 묘사하는
바람에 절교하고 말았다.
프로방스의 어린 시절 한없이 다정한 사이였던
이 두 사람은 이후로 죽을 때까지 한 마디도
나누지 않았다고 한다.
야속하게도 현실 세상은 동화나 미담과는 달라도
한참 다른가보다.

Chapter10. 나는 고발한다

에밀 졸라는 만년에는 작가로 성공하여 꽤 부유해졌지만 빠리에 올라와서 겪었던 비참한 무명작가 시절을 종종 회상하곤 했다.

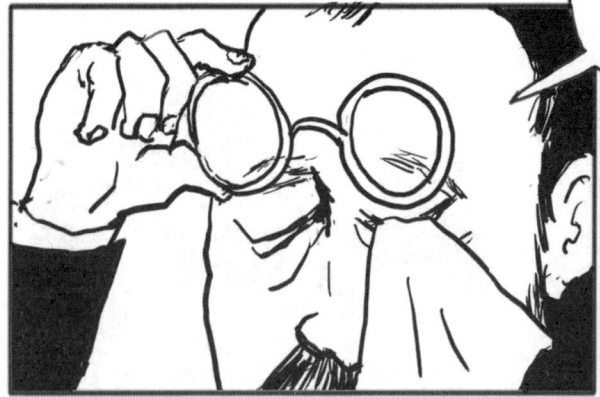

옥탑방에 살던 그 시절엔 지붕에 덫을 놓아 참새를 잡아서 촛불에다가 커텐봉에 매단 냄비로 국을 끓여먹으며 연명했다오.

그때는 여성들이 할 수 있는 번듯한 일이 없던 시절이다. 하층민 여인네에게 흔한 직업이 세탁부 아니면 삯바늘질꾼이었는데 졸라의 정식 부인도 정부도 다 하층민으로서 삯바느질꾼 출신이었다.

지금 시각으로 보면 '그 살림에 정부까지 둬?' 이러겠지만 당시의 시각에서 보면 졸라는 그래도 인간적이고 책임감이 있는 편이었다. 삯바느질꾼 정부와의 사이에서 낳은 아이들 전부를 평생동안 책임을 져주었다.

성도 쓰게 했단다.

유년시절과 무명작가로 보낸 청년시절에 겪은 지독한 가난이 졸라를 좌익성향의 작가로 자라게 했던 것 같다. 프랑스 사회의 치부를 집요한 디테일로 파고들었다. 미술계로 치면 도미에나 꾸르베의 그림과 같은 소설들을 썼다. 그러니 당시의 주류 기득권 계층이 좋아할 리가 없었겠지.

오노레 도미에, 삼등열차

좋은 것도 많은데 꼭 이런걸 그려야 하나?

졸라를 대표하는 소설은 루공 마까르 시리즈 20권이다. 우리나라 박경리선생님의 토지처럼 한 시대를 다룬 대하소설인데

시대배경은 나폴레옹 3세가 통치하던 제2제정 시대이다. 원제 Les Rougon-Macquart는 루공-마까르가의 사람들이라는 뜻으로 이 집안 사람들을 통해서 이 시대를 살았던 각계각층의 인간 군상들을 적나라하게 그리고 있다.

아들라이드라는 중산층 집안의 처녀가 있었는데 약간의 정신박약 증세를 가지고 있다.

부유한 루공 집안으로 시집을 가서 아이를 여럿 낳는다.

하지만 마까르라는 협잡배와도 바람을 피워서 사생아들을 낳았지.

왜 이런 설정을 했겠어? 아들라이드의 후손들이 프랑스 사회의 각계각층에서 살아가는 모습을 보여주려는 장치였지.

산업과 자본주의가 발달하며 모순도 함께 커가는 제2제정시대의 프랑스 사회를 총망라하는 직업들이 등장한다.

사기꾼, 의사, 군인, 창녀, 등등등등

 ## Chapter10. 나는 고발한다

프랑스 제2제정시대 산업화의 낙오자들, 이를테면 알콜중독자의 삶을 적나라하게 그린다거나

나나같은 고급 창녀를 등장시켜 상류사회의 치부와 위선을 드러낸다거나, 어쨌던 보수집단을 불편하게 만드는 대하 시리즈였는데,

결정적인 것은 '라 데바끌' (대실패)이라는 소설이었다. 프러시아와의 전쟁을 다루었는데 프랑스군 지휘부의 좌충우돌식 무능함과 비효율로 인하여 병사들만 희생 당하는 스토리 전개가 보수우익과 군 지휘부를 몹시 화나게 했겠지.

명예를 먹고사는 군대를 건드렸어?

아무튼 졸라만큼 보수우익의 미움을 받은 인물은 없었다. 유태인 드레퓌스보다 졸라를 더 미워하는 사람이 많았다니까.

그런가하면 우익집단의 보호를 받으며 이 시대를 참 편하게 살았던 사내의 이야기를 좀 알아보자. 만화라서 이렇게 그린게 아니다. 인터넷에서 찾아보라. 진짜 만화같이 생긴 에스터하지.

마지막으로 이야기할 또 한 사람은 여태까지 등장하지 않았던 사람이다. 드레퓌스사건의 미묘한 부분을 이해하려면 이 사람을 등장시켜야겠다는 생각이 들었다.

지나간 일을 되돌아 보니 당시에 드레퓌스와 에밀 졸라의 반대편에 섰던 사람들은 모두 악당이거나 바보라고 생각하기 쉬운데 사실 꼭 그렇지도 않다는 이야기를 하려고 하는 것이다.

오늘 우리 사회에서 비슷한 일이 일어난다면 우리는 확실히 진실만을 추구하고 그에 따라 행동할 것인가?

간단히 대답하기 어려운 문제이다.

Chapter10. 나는 고발한다

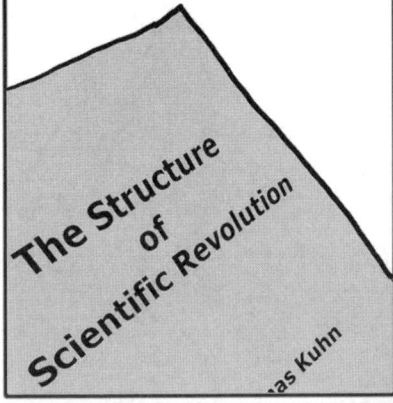

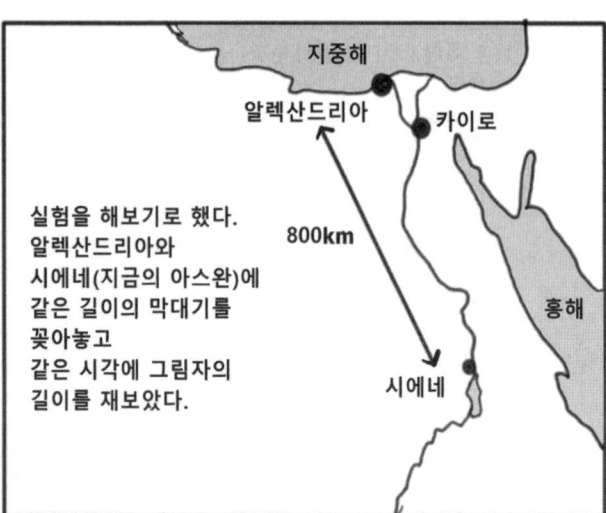
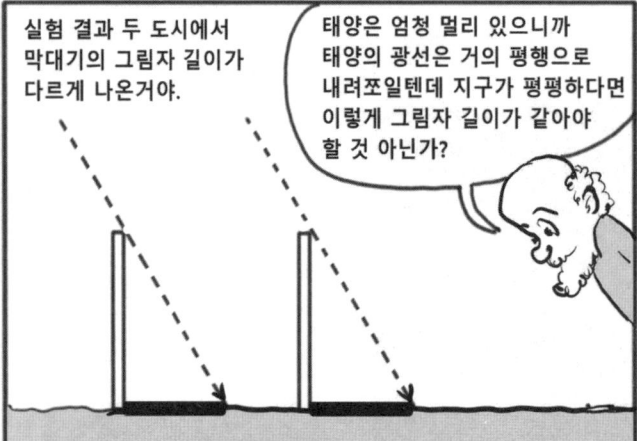
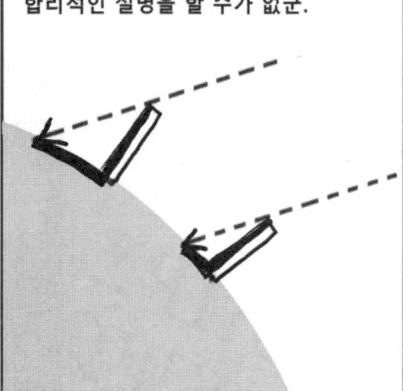

Chapter10. 나는 고발한다

지동설이 상식이 되어있는, 즉 지동설 파라다임의 시대에 살고있는 우리가 보기에 천동설주의자들은 무지몽매하고 꽉 막힌 자들이라고 생각하기 쉽다. 에라스토테네스 이야기를 한 건 그 시대에 천동설을 믿고 주장했던 인물들이 그렇게 만만한 사람들이 아니었다는 걸 말하고 싶었던거야.

아리스토텔레스

프톨레마이오스

천동설의 중심에는 이런 신학적 믿음이 있었다.
모든 천체는 완벽하게 둥근 공모양이고

그 궤도는 완벽한 원을 그린다. 창조주가 찌그러지거나 불완전한 모양으로 우주를 만들었을 리가 없거든.
(출처 : 유튜브)

당연히 우주의 중심은 하느님이 인간을 빚으신 이 지구이지.

이런 논리체계들이 중세가 끝나가면서 상당한 세월에 걸쳐 하나씩 하나씩 무너지면서 결국에는 지동설로 소위 파라다임 쉬프트(Paradigm Shift)가 일어나게 되는거지.

그래도 지구는 돈다 인석들아.
갈릴레오
이런 말 했다는거 장담컨대 사람들이 지어낸거다.

행성은 타원운동을 한다니까요.
케플러

하지만 이렇게 무너지기 전에 천동설은
방대하고 정교한 이론체계로 무장하고 있었다.

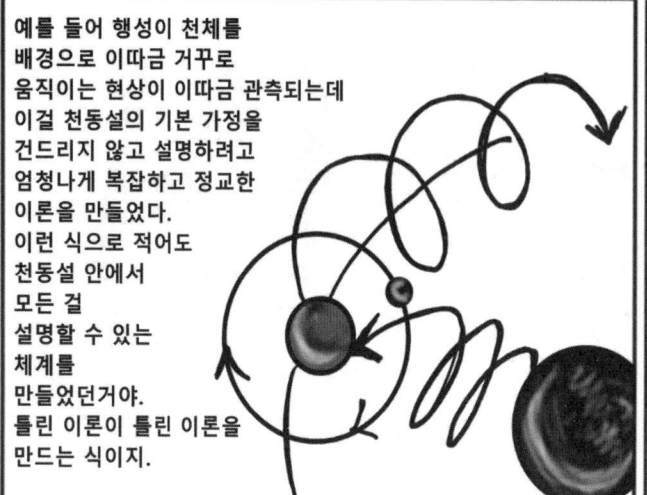

예를 들어 행성이 천체를
배경으로 이따금 거꾸로
움직이는 현상이 이따금 관측되는데
이걸 천동설의 기본 가정을
건드리지 않고 설명하려고
엄청나게 복잡하고 정교한
이론을 만들었다.
이런 식으로 적어도
천동설 안에서
모든 걸
설명할 수 있는
체계를
만들었던거야.
틀린 이론이 틀린 이론을
만드는 식이지.

이처럼 나름 일관성을 가지고
한 시대를 지배하는
방대한 논리와 인식체계를
파라다임으로 부르겠습니다.

토마스 쿤
(1922~1996)

그러면 코페르니쿠스, 갈릴레오, 케플러, 뉴톤
이런 사람들이 쌓아올린 지동설이라는 파라다임은
영원한 것인가? 아니라는거지. 이것도 결국은
새로운 파라다임에 의해서 대체될 것이고
이런 식으로 새로운 파라다임이 옛 파라다임을
대체해가는 것이 과학혁명의 구조라는거야.

빅뱅 이후로 우주가
계속 팽창하고 있다구요.
지구가 태양 주위를
한가롭게 뺑뺑 돌고만
있는게 아니라니깐.

사설이 지나치게 거창하고 길었던 것 같다.
알베르 드 묑, 이 사람 이야기를 꺼내려고 파라다임에
대해서 생각해보았다.

그는 드레퓌스의 유죄를 믿는 우익의 대열에 섰지만
에스터하지 같은 악당이나 허풍쟁이가 아니었다.
오히려 고결한 이상주의자에 가까웠지.
그럼에도 불구하고 그 시대의 파라다임에 갇히고 만
인물이라고 할 수 있겠다.

Albert de Mun
(1841~1914)

Chapter10. 나는 고발한다

그는 에스터하지와 달리 정통 엘리트 군인이었다. 유서 깊은 귀족가문 출신에다 유명한 사관학교 생씨르(Saint-Cyr) 출신이다.

생씨르는 나폴레옹이 세운 프랑스 최고의 사관학교인데 1차세계대전의 영웅 뻬땡원수나 2차세계대전의 영웅 샤를 드골이 모두 이 곳 출신이다.

생씨르를 졸업하고 엘리트 기마부대 장교로 복무하던 중 30대 초반에 역사의 현장에서 강렬한 체험을 하게 된다.

첫번째는 프랑스-프러시아 전쟁중 메츠전투에서 포로로 잡히어 수용소 생활을 한 것이고,

"조국 프랑스는 어째서 이렇게 허무하게 패전했을까?"

또 하나는 빠리꼬뮌의 현장에 진압군으로 투입된 것이었다.

이 절박한 반란군들과 내가 속한 프랑스 기득권 사회 사이에는 엄청난 심연이 가로놓여있구나.

Chapter10. 나는 고발한다

워낙 자선활동에 열심이어서 군복무와 병행할 수가 없었다.

"자네 그쪽 방면에 너무 열심이야. 군복무와 빈민구제 활동중 하나를 선택해야겠네."

그는 생씨르 출신답게 프랑스군에 대한 자부심이 대단했으나 빈민구제를 통한 사회개혁사업에 뜻을 두고 군을 떠났다. 하지만 평생을 프랑스 군대의 열렬한 지지자로 살았다.

군을 떠난 알베르 드묑은 정계로 진출했다. 죠르쥬 끌레망소, 장 죠레와 함께 드묑을 당시의 3대 웅변가로 꼽았다.
좌파인 끌레망소와 죠레에 대항하여 우파 카톨릭 보수주의자들의 입장을 대변하며 자신의 신념인 사랑의 실천을 통한 사회개혁에 매진했다.

이렇게 알베르 드묑은 프랑스 우익의 양심을 대표하는 정치가, 사회개혁가로 성장하였는데

이런 그가 50대 후반의 나이에 맞닥뜨린 드레퓌스 사건의 소용돌이에 어떻게 반응했을까?

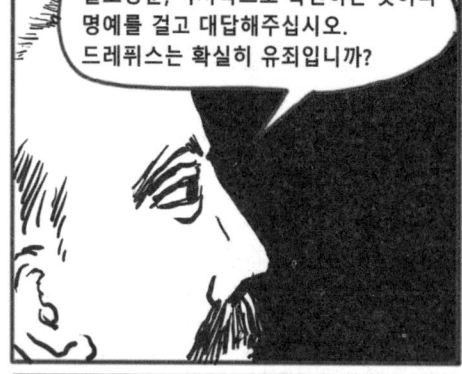

Chapter10. 나는 고발한다

파라다임과 알베르 드뢩의 이야기를 꺼낸 것은 오늘의 우리를 돌아보기 위해서이다.
우리는 드레퓌스 시대의 사람들보다 나아졌는가?
진실을 추구하기 보다는 정치적 성향에 따라, 성별의 논리에 따라, 혹은 자신이 속한 사회적 계층에 따라
자기 진영의 벽을 단단히 쌓아가고만 있지는 않은지?

한번 파라다임이 자리잡으면 기존의 파라다임에 부합하는 주장만 받아들이고 그렇지 않으면 기각해버리는 경향이 있다. 우리는 다른가?

드뢩의 파라다임은 조국에 대한 충성, 군의 명예, 프랑스적 가치의 수호, 이런 것들로 이루어진 것이다.
그는 에스테르하지나 드뤼몽 같은 자들보다는 훨씬 고결한 가치를 추구했지만 결국은 이들의 파라다임을 강화하고 정교하게 만드는데 기여하였다.

다시 한 번 스스로에게 묻는다. 우리는 드레퓌스 시대의 사람들보다 더 진실에 따라 판단하려고 하는가? 패거리의 값싼 파라다임에 매여 살고 있지는 않은가?

유럽과 프랑스의 19세기말을 광풍으로 몰아넣었던 길고 복잡했던 이 이야기를 몇가지 후일담과 함께 마무리하려고 한다.

빠리꼬뮌 당시 루이제 미셸의 친구였으며 몽마르트르에서 무료진료를 해주던 의사 죠르쥬 끌레망소가 1906년 프랑스의 수상이 되었다.

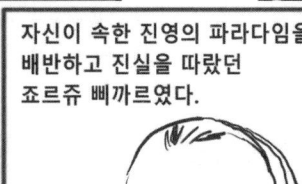

그가 전쟁성장관으로 임명한 인물은?

자신이 속한 진영의 파라다임을 배반하고 진실을 따랐던 죠르쥬 삐까르였다.

삐까르를 쫓아냈던 메르씨에 장관이 앉아있던 그 자리였다. 반드레퓌스 보수파의 원로가 되어있던 메르씨에는 드레퓌스 사건을 터뜨린 삐까르가 프랑스군의 총책임자가 되는 것을 지켜보아야 했다. 그의 감회는 어땠을까?

이것도 나라냐?

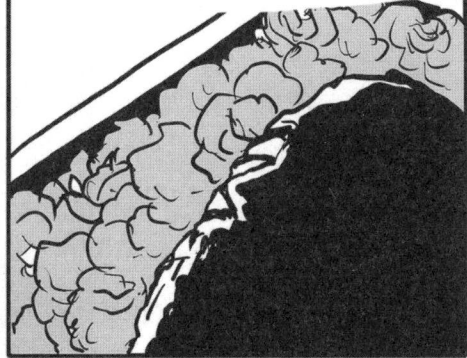

우익의 미움을 한몸에 받았던 에밀 졸라는 이걸 못 보고 1902년에 세상을 떠났다. 죽은지 여섯 해만에 그의 유해를 국립묘지 빵떼옹으로 이장하기로 결정하였다.

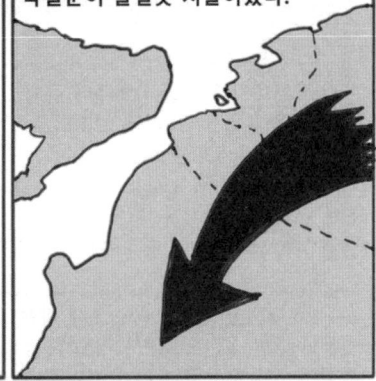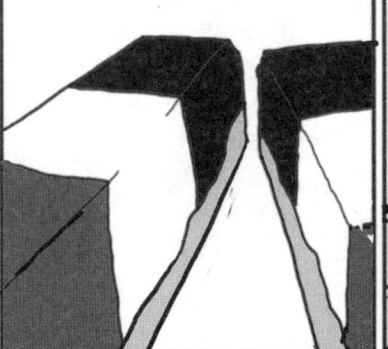

세월이 더 흘러 2차 세계대전 때에는 자손들의 운명이 갈렸다. 마띠외 드레퓌스의 손자는 레지스탕스로 싸우다 전사했고,

알프레드 드레퓌스의 손녀는 아우슈비츠로 끌려가 가스실에서 처형되었다.

뒤빠띠의 아들은 독일이 프랑스를 점령한 후 세운 비시괴뢰정부에서 일했는데 유태인을 심문하는 일을 맡았다.

프랑스가 마침내 드레퓌스의 무죄를 인정한 것은 1995년 9월. 드레퓌스가 체포된 때로부터 101년이 지나서였다.

프랑스 사회의 지성을 시험대에 올린 이 사건에 유럽 최고, 세계 최고의 문명국임을 자부하는 프랑스, 데카르트, 루소, 위고의 나라 프랑스가 뻔한 진실의 답안지를 내는데 무려 1세기의 세월이 걸려야했던 것이다.

2차세계대전중 독일이 폴란드에 지은 죄과의 용서를 구하며 빗물이 고인 폴란드 국립묘지의 바닥에 무릎을 꿇은 독일 수상 빌리 브란트의 용기가 있는가 하면

사과와 용서의 첫단추도 못 꿰고 있는 나라도 있다.
국가가 저지른 죄를 인정한다는 것이 이처럼 어렵고 힘든 일인가보다.

 Chapter10. 나는 고발한다

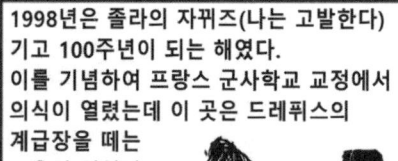
1998년은 졸라의 자뀨즈(나는 고발한다) 기고 100주년이 되는 해였다. 이를 기념하여 프랑스 군사학교 교정에서 의식이 열렸는데 이 곳은 드레퓌스의 계급장을 떼는 모욕의 의식이 벌어졌던 장소이고

또한 그의 복권의식이 열렸던 곳이다. 당시 프랑스 대통령 자끄 시락은 기념연설 도중 드레퓌스의 복권의식에서 벌어진 에피소드를 한 가지 소개했다.

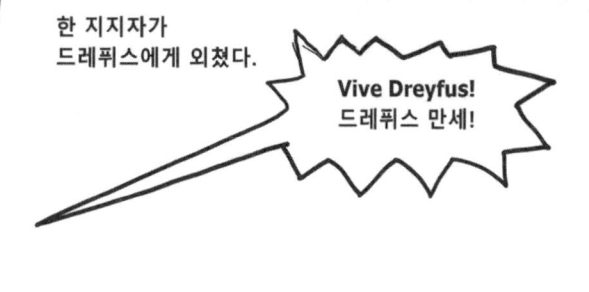
한 지지자가 드레퓌스에게 외쳤다.

Vive Dreyfus!
드레퓌스 만세!

이걸 듣고 드레퓌스가 돌아보며 이렇게 답했다고 한다.

**Non, Messieurs,
Vive la France,
Vive la verité,
Vive la justice!**

아닙니다 여러분,
프랑스 만세,
진실 만세,
정의 만세입니다.

Chapter 11

여름의 마지막 장미 빅토리아-에드워드 시대

우리는 패배할 가능성에 신경쓰지 않습니다.
그런건 존재하지 않으니까요.
-빅토리아 여왕

한 개인의 이름이 한 시대의 간판이 되는 경우는 흔치 않다. 여기에 자그마한 한 여인의 이름을 붙인 시대가 있다.

이름하여, 빅토리아 시대.

빅토리아여왕
(1819~1901)

영국의 다른 계절은 우울한 날씨가 계속되지만 여름만은 가슴이 뛸 정도로 아름답다.
빅토리아시대는 영국의 아름다운 여름과 같았다. 정원 가득히 탐스러운 장미와 수국이 피어나고,

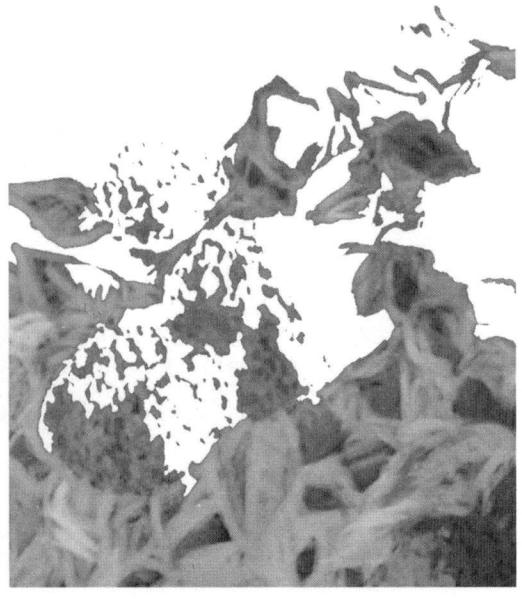

ChapterⅡ. 여름의 마지막 장미

그 정원에서 차게 식힌 샴페인의 공기 방울이 피어오르고
반짝이는 실버웨어들이 경쾌한 소리를 내며 부딪치는 가운데
쉬폰 드레스로 한껏 멋을 낸 귀부인들 사이로
옷깃에 난초장식을 꽂은 신사들이
영국만이 세계를 올바로 지배할 수 있다는 확신에 차
긴 해가 지도록 토론을 그칠 줄 몰랐다.

이 찬란한 노스탤지어의 시대의 상징이 키가 150cm에 불과한 이 여인이다.

그녀는 장장 63년 7개월 동안 대영제국 전성기의 여왕이었다.

God save our gracious Queen!

Long live our noble Queen!

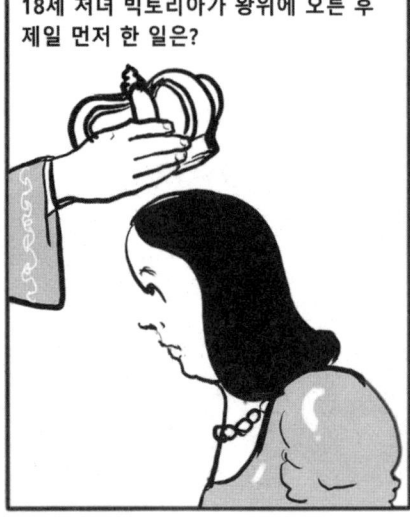

Chapter II. 여름의 마지막 장미

그 대신 평생의 사랑을 얻었다.

나이 열여섯에 처음 만나본 백마 탄 왕자님에게 한 눈에 반해서 편지를 주고 받으며 지냈는데,

상대는 독일의 작은 공국 작스-코부르그-자알펠트의 알버트 왕자였다.

알버트 왕자
(1819~1861)

사실 알버트는 빅토리아여왕의 큰 외삼촌의 아들이고 알버트에게 빅토리아여왕은 이모의 딸, 쉽게 말해서 둘은 사촌 사이였다.
하지만 이 당시만 해도 사촌끼리의 결혼이 문제가 되지 않는 시대였지.

여왕이 되고나서 눈치빠른 막내 외삼촌, 유럽의 마당발로 불리던 벨기에왕 레오폴드가 중매를 섰고 빅토리아여왕이 프로포즈를 했다.

빅토리아여왕이 먼저 청혼을 한 것은 반하기도 했지만 현직 여왕에게 청혼을 할 수 없는 법도 때문이었을 것이다. 어쨌든 빅토리아여왕은 이 세기의 로얄 웨딩에 매우 들떴던 것 같다. 청첩장에 이렇게 적었다.

흰색 복장은 피해주시기 바랍니다.

그리고 자신은 파격적으로 순백의 웨딩 드레스를 입고 나타났다. 당시 풍습은 신부가 색깔 있는 옷을 입었다고 한다. 빅토리아여왕이 하얀 웨딩드레스의 원조인 셈이다.

여왕은 첫날밤을 지내고 일기를 썼다.

"그이의 넘치는 애정에 나는 일찌기 상상할 수도 없었던 천상의 사랑과 행복을 느꼈다. 그는 자기 팔에 나를 꼭 안았고 우리 둘은 서로에게 끊임없이 키스를 퍼부었다.

그의 아름다움, 그의 달콤함, 그의 의젓함이란! 이런 남편을 얻은 것에 어떻게 감사해야 할지 모르겠다.

1840년, 둘 다 만 20세였다.

ChapterII. 여름의 마지막 장미

많이 사랑한 결과였겠지 사내아이 넷, 계집아이 다섯 도합 아홉 명의 자녀를 낳았다.
이 자녀들을 유럽 이곳 저곳의 왕가와 결혼을 시켜 19세기말이 되어서는 많은 나라에서 빅토리아여왕의 손자들이 왕위에 올랐다.
그래서 붙은 별명이 유럽의 할머니.

빅토리아여왕이 죽은 후에 일어난 일이지만 제1차 세계대전은 빅토리아여왕의 손자, 즉 사촌들끼리 벌인 전쟁이다.

재가 자꾸 때릴려고 해요.

하지만 사람에게 허락된 사랑의 행복은 영원하지 않은 법.
1861년 42세의 나이로 앨버트공이 요절하고 말았다.

여러가지 정황으로 볼 때 앨버트공의 사인은 암으로 판단된다.
하지만 당시의 주치의는 과로와 장티푸스로 진단을 내렸는데 마침 죽기 직전에 불편한 몸에도 불구하고 왕세자 문제로 아일랜드에 다녀온 것이 병을 악화시킨 것으로 판단했다.
당시 아일랜드에서 군복무 중이던 미래의 에드워드 7세가 그곳의 연예인에게 빠져 별별 소문이 다 들려왔다.
따끔한 훈육을 위해 앨버트공이 직접 나섰던 것이다.
이 일 때문에 빅토리아여왕은 죽을 때까지 왕세자를 용서하지 않았다고 한다.

하지만 가장 유명한 장소는 역시 하이드파크에서 길건너 켄싱턴지역에 있는 로얄 알버트홀이다.
런던에서는 매년 여름 클래식음악 축제인 프롬(Proms)이 열리는데 이곳이 중심이 된다.

ChapterII. 여름의 마지막 장미

프롬의 마지막날에는 로얄 알버트홀에서 영국의 비공식 제2의 국가라고 할 수 있는 에드워드 엘가의 위풍당당행진곡 (**Pomp and circumstance**)에 맞추어 소리를 질러가며 국기를 흔드는 전통이 있다.

외국인들은 자기 나라 국기를 흔들면 되니 이즈음 런던에 갈 기회가 있다면 태극기를 준비해서 흔들어 보시도록.

앨리스공주 (1843~1878)

레오폴드왕자 (1853~1884)

알프레드왕자 (1844~1900)

빅토리아여왕은 오래 산 죄로 남편에 이어서 세명의 자녀를 자기보다 먼저 보내야 했다.

가족을 잃은 외로움이 지나쳤는지 시종에게 지나치게 의존하는 현상을 보였다. 스코틀랜드 출신 하인 존 브라운의 충성에 감동하여 애지중지했다.

이런 빅마우스들이 나올 정도로.

바로 옆 방에서 재운다지.

미쎄스 브라운이라고 불러야겠군.

존 브라운이 죽은 후에는 인도의 무슬림인 압둘 카림을 총애했다. 여왕이 힌두어를 배울 정도로 인도문화에 관심을 보였고 오페라나 유럽여행에 일등석을 줘서 데리고 다닐 정도였다. 아랫사람에게 호의를 베풀고 인격적으로 대우하는 것과 공사를 흐릴 정도로 과도한 의존관계를 만드는 것은 다른 일이다. 잘못하면 중국의 십상시의 폐단 같은 것이 생기게 된다. 빅토리아여왕도 많이 지치고 약해졌던게지.

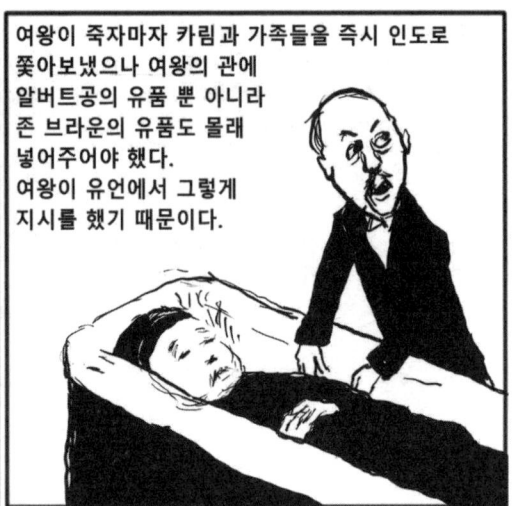

여왕이 죽자마자 카림과 가족들을 즉시 인도로 쫓아보냈으나 여왕의 관에 알버트공의 유품 뿐 아니라 존 브라운의 유품도 몰래 넣어주어야 했다. 여왕이 유언에서 그렇게 지시를 했기 때문이다.

여왕이 죽기 4년 전인 1897년은 전세계에 4억 5천만명의 신민을 거느리는 빅토리아여왕이 즉위한지 60주년이 되는 해였다.
6월 22일 화요일, 화창한 날씨 아래 다이아몬드 쥬빌리(Diamond Jubilee)라고 부르는 60주년 기념식이 열렸다.
행렬은 10km나 이어졌는데 외국의 국빈들은 미묘한 국제정세의 문제로 초청하지 않았으나 왕족들과 캐나다, 뉴질랜드, 케이프(남아공), 뉴펀들랜드, 오스트레일리아 등 자치국의 수상들이 참석했고, 식민지의 군대들이 끝없이 이어지며 여왕에게 충성을 맹세하여 '해가 지지 않는 제국' 대영제국의 위세를 유감없이 과시했다.

ChapterⅡ. 여름의 마지막 장미

케이프의
장총부대

인도의
시크족 부대

캐나다의 기마부대
후싸르

오스트레일리아
뉴사우스웨일즈의
장창부대

용맹스러운
네팔의 구르카까지

78세의 여왕은 행렬 맨 끝에서
여덟 마리의 말이 끄는 마차에 앉아
환호하는 백성들에게 손을 흔들어
주었다.

행사가 끝난 후 여왕은 몹시
지쳤지만 감동을 받았다.
일기에 이렇게 기록해 두었다.

'환호 소리에 귀가 멍멍해졌지만
모든 얼굴들에 기쁨이 가득 찬 것을
보고 짐은 감동했노라.'

이들이 의논한대로 즉위 60주년 행사가 진행되었다.
이런 식으로 영국은 여왕이라는 상징 뒤에서 엘리트 정치가들에 의해서 굴러가고 있었다. 사실 이 장에서 이야기하려는 것은 빅토리아여왕이 아니다. 라 벨르 에뽀끄의 영국판인 빅토리아-에드워드시대를 이끌고 간 영국의 정치 엘리트들의 이야기를 하려는 것이다.

죠셉 챔벌레인
(1836~1914)

죠셉 챔벌레인은 그의 트레이드 마크인 외눈 안경, 옷깃에 꽂은 난초장식의 깔끔한 옷매무새로 유명하다.
그는 신발공장을 하던 아버지에게서 태어나 스스로 스크류사업을 성공시킨 리버풀의 사업가였다.
평민 신흥자본가, 즉 부르죠아 계급 출신이라는 것이다.

빅토리아 여왕, 그리고 그 아들 에드워드 7세의 시대까지 영국의 정치를 담당한 계급은 귀족계급이었다.
이 시대가 영국에서, 그리고 세계사에서 귀족이 정치를 담당한 마지막 시대이기도 하다.

이들은 어떤 생각과 방식으로 영국의 최전성기를 이끌었을까?
결론부터 이야기하면 지금 우리가 매일 뉴스에서 보고있는 오늘날의 정치와는 전혀 다른 생각을 가지고 있었다.

그 시절 귀족출신 정치가의 대표적인 인물이라고 할 수 있는 솔스베리경을 중심으로 이야기를 풀어가려 한다.

3대 솔스베리 후작
로버트 씨쓸
(1830~1903)

ChapterⅡ. 여름의 마지막 장미

그의 풀네임은 이렇게 된다. 로버트 아서 탤봇 개스코인-씨쓸, 솔스베리 3대 후작
Robert Arthur Talbot Gascoygne-Cecil. 3rd Marquess of Salisbury

로버트는 이름 즉, **personal name**이고 성, **family name**은 씨쓸(Cecil)이다. 그런데 아버지가 개스코인가문과 결혼을 했다. 그냥 보통 결혼이라면 성을 씨쓸이라고 했겠지만 어머니가 개스코인 가문의 상속녀라 엄청난 땅을 가지고 와서 씨쓸 가문의 땅에 보탰다.
이 정도면 성에 넣어주나보다. 그래서 개스코인-씨쓸을 성으로 쓰게 된거고 보통 솔스베리경이라고 부르는 것은 이 가문의 시조가 솔스베리 지역에 근거를 두었고 후작 작위를 받았다는걸 말한다.

귀족의 작위(Peerage)는 큰아들에게 상속되지만 아들이 없을 경우 동생에게 가기도 하는데 3대 솔스베리 후작인 로버트 씨쓸의 경우에는 3남이었지만 위의 두 형이 다 요절해서 가독을 상속 받은 경우다.

로버트 아서 탤봇 개스코인-씨쓸 3대 솔스베리 후작

복잡하다.
하지만 영국귀족의 이름이라면 이 정도는 복잡해야지.

귀족이란 뭔가?
옛날에 여자아이들은 이런 순정만화를 즐겨보았다.

테니스 공만한 눈이 반짝이고, 코는 뽀죡하고,

머리카락이 멋지게 출렁이는 남자주인공. 귀족이란다.

이름도 세바스챤, 테리우스, 국적 불명인데 남루한 일상을 잊을 수 있는 달콤한 환상을 선사했다.

꼭 우리나라만 그랬던건 아니다. 영국에서 미국으로 이민을 간 프란시스 버넷이라는 여자가 1886년에
Little Lord Fauntleroy란 아동소설을 내놓아 미국에서 선풍적인 인기를 끌었는데 우리나라에서 소공자라는 제목으로 번역된 책이다.

영국 귀족가문의 젊은이가 부모의 반대를 무릅쓰고 미국 여자와 결혼하는 바람에 집에서 쫓겨난다. 그런데 이 젊은이가 일찍 죽어버리고 미국인 아내와 어린 아들만 뉴욕에서 살고 있었는데 집안에 대가 끊기게 되자 완고한 영국 귀족인 노인은 작위를 승계시키기 위하여 마음에 내키지 않지만 어린 손자만 영국으로 불러들인다.

어린 시절 소공자를 읽은 적이 있는데 소년이 영국의 대저택에서 할아버지를 처음 만나는 장면이 기억난다. 벽난로 앞에 할아버지가 키우는 거대한 개가 버티고 있었는데 어른들도 무서워하는 이 개를 소년이 아무 두려움 없이 다가가서 귀여워 해주는 것을 보고 내색은 안하지만 마음에 들어하는 장면이 있었지.

그 녀석, 제법인데?

영국 할아버지 폰틀로이경은 차츰 소년에게 빠져들어 소년의 요청대로 소작인들에게도 인정을 베풀게 되고 미국인 며느리와도 화해를 하여 모두 모여 잘 살게 된다는 그런 해피엔딩인데 이 소설 곳곳에 영국의 귀족에 대한 신흥국가 미국인들의 호기심과 선망이 배어있다.

이런 환상들을 깨는건지 모르겠지만 귀족의 본질은 벽난로가 있는 대저택도 아니고 멋진 콧수염도 아니고 그가 타고 다닌다는 백마도 아니고 국가가 신분을 보호하는 지주라는데 있다.
귀족의 기본적 요건은 토지의 세습적 소유에 있다는 말씀.

이 지방에서는 내 땅 안 밟고 지나다니기 어려울걸.

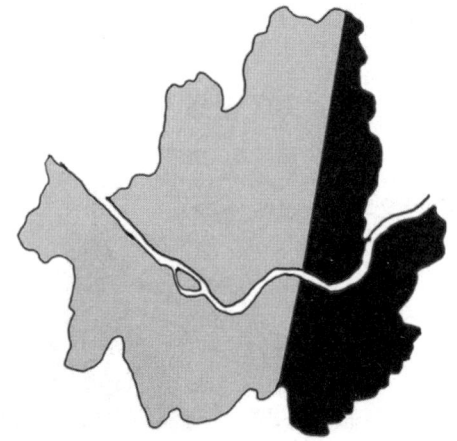

최상층의 귀족들은 5만 에이커 이상의 토지를 소유하고 있었다고 한다. 이 정도면 서울특별시의 3분의 1정도의 넓이이다.
싱가폴이 서울시와 면적이 비슷하니 도시국가이긴 하지만 한 국가의 3분의 1의 토지를 한 개인이 소유하고 있었던 셈이다.
이 정도 영지를 소유한 귀족이 19세기 말에 115명 정도 있었고 2,500명이 3천 에이커 이상의 영지를 소유하고 있었다고 하니 그다지 국토가 넓은 나라도 아닌 영국에서 웬만한 귀족이라면 여의도 3배 이상에 해당하는 땅의 주인이었다는 이야기다.

ChapterⅡ. 여름의 마지막 장미

당시만 해도 첫번째 부의 원천은 토지였다. 산업혁명을 겪으면서 평민 출신의 상공업자, 소위 부르죠아 계급이 부상하게 되지만 빅토리아시대만 해도 토지를 기반으로 하는 귀족들의 마지막 전성기였다고 할 수 있다.

그렇다면 빅토리아시대의 귀족들은 단순한 땅부자에 불과했는가?

그렇지는 않았다.

이들은 오랜 세월 동안 부를 세습하면서 독특한 가치관과 문화와 전통을 쌓아올렸다.

저의 29대조 할아버지가 1215년에 기사작위와 함께 하사받은 땅입니다.

분명히 토지와 거기서 나오는 부가 없었다면 영국의 귀족사회는 성립하지 못했을 것이다. 그러나 반대로 부유하기만 했다면 소위 영국신사, 영국귀족의 문화는 없었을 것이다.

다시 돌아가서

19세기말, 빅토리아시대 귀족의 대표주자라고 할 수 있는 인물,
외교부장관을 네번 하고 수상직을 세번이나 역임한 인물,
빅토리아여왕이 아픈 다리를 걱정하여 자신 앞에서 앉을 수 있도록 허락한 유일한 인물,

솔스베리 3대 후작, 로버트 씨쓸을 중심으로 벨르 에쁘끄 시대의 영국 귀족정치를 살펴보도록 하자.

로버트 씨쓸은 1830년 런던에서 북쪽으로 30km 정도 떨어진 햇필드 저택에서 태어났다.
이 저택은 17세기초에 1대 백작이 지은 것이다. 이걸 보면 쭉 백작으로 이어지다가 로버트 씨쓸의
할아버지 대에 집안이 후작으로 승격된 걸 알 수 있다. 현재 이 저택은 공원으로 일반에 개방되었지만
안채에는 상원의원인 7대 솔스베리 후작의 가족이 거주하고 있다.

곳곳에 대단한 조상들의
초상화가 걸려있고

중국이나 일본에서 수집한
진귀한 콜렉션에다가 웰링턴 장군이
솔스베리가문에 선물한 전리품까지

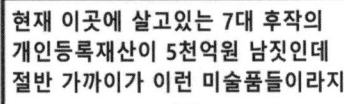
현재 이곳에 살고있는 7대 후작의
개인등록재산이 5천억원 남짓인데
절반 가까이가 이런 미술품들이라지.

이 저택에서 씨쓸 가문은 매년
의회가 회기를 시작하는 전날과
더비라고 부르는 영국의 경마대회
전날 파티를 열었는데
전국의 선남선녀들이 다 모였다.
영국 귀족들의 사교계에서
지위로나 바람끼로나
둘째 가라면 서러워할
훗날의 에드워드 7세인
왕세자를 포함해서.

ChapterII. 여름의 마지막 장미

어머니를 일찍 여의고
차가운 성격의 아버지 밑에서
자라서인지 로버트 씨쓀은
내성적이고 비사교적인
소년이었다.

귀족들의 일반적인 코스대로
열살에 이튼에 입학했는데
성격 때문인지
괴롭힘을 많이 당했나보다.

인간은 의외로 매우
잔인하다라고 일기에 썼다.

이튼을 졸업한 후에 머리가 웬만하면 우리가 흔히 말하는
케임브리지나 옥스포드대학으로 진학하는데 사실 이 지역에
대학이 여러 개 몰려있기 때문에 정확히 말하면
최고 명문대학은 케임브리지의 트리니티 칼리지, 그리고
옥스포드의 크라이스트 처치가 되겠다.

이튼의 모든 학생들의 방에는
이 그림이 걸려있었다고 한다.
제목은 **Floreat Etona!**
(프로레아트 이토나)
이튼이여 번창하라!
이 정도 뜻인데
1881년 보어전쟁 때의 실화를
그린 것이라고 한다.

로버트 엘위스라는 이튼 출신의
장교가 참전했는데
마주바 산의 전투에서
이미 고지를 점령한 보어군의
맹렬한 사격으로
영국군이 추풍낙엽처럼 쓰러지는
절망적인 상황이었다.

살아서 고지에 다다르기 불가능한
상황에서 다시 한번 공격명령이
내려졌는데,

Floreat Etona

물론 로버트 엘위스는 돌격 중에 전사했다. 그의 나이 스물 다섯이었다. 옆에 있었던 이튼 동창 몽크가 살아남아 이 이야기를 전했고 여류화가 엘리자베스 톰슨이 그림으로 남겼다.

전략적 합리성보다 군인의 용맹성을 더 중요시했던 대영제국 군대의 전통과 이젠 너무 들어 식상할 정도인 그들의 노블레스 오블리제의 정신이 그림에 녹아있는 것이다.

Chapter II. 여름의 마지막 장미

이튼을 나온 후 옥스포드의 크라이스트 처치를 졸업했다. 수학과 외국어에 골고루 재능을 보였고 일생동안 취미가 과학 공부였다. 집에 실험실을 만들어 시간 날 때마다 실험에 몰두했고 영지에 조그만 수력발전소까지 만들어서 전구를 밝히다가 큰 불을 낼 뻔 했다지.

젊은 시절 어떤 신앙체험을 했다고 한다. 집에 예배실을 만들어 아침마다 개인예배를 할 정도로 경건한 기독교인이었다.

개인적으로 너그러웠으나 보수당의 지도자였던 그는 일생동안 두 부류만은 드러내놓고 혐오했다.

"계급투쟁론자와 무신론자만은 용납할 수 없어요."

독서광이었는데 머리가 아플 때는 알렉상드르 뒤마의 몬테크리스토 백작 같은 소설도 즐겨 읽었다. 불어에 능통해서 원서로 수십번도 더 읽었단다. 우리 어른들이 삼국지 읽듯이 말이지.

그는 고독한 사람이었다. 속세와 한 걸음 떨어져 있는 듯 한 분위기에 세상사에 휩쓸리지 않는, 건방지다기 보다는 뭔가 고고한 면이 있었다. 사색을 즐겼고 혼자 있기를 좋아했다.

오죽했으면 사람 만나기를 싫어해서 공식일정이 없으면 집에서 혼자 식사를 했단다.

그런데, 이래가지고야 어떻게 정치를 했지?

"삼식이..."

실제로 많은 귀족들이 귀족으로 태어난 의무로서 정치라는 귀찮은 일을 맡고 있다고 생각했다.

민주주의에 대해서도 요즈음과 많이 다른 생각을 가지고 있었다.

민주주의? 그거 demo+cracy, 대중들이 통치한다는 말 아니오? 가정교육도 제대로 못받고 가족들 먹여살릴 걱정이나 하는 자들에게 어떻게 나라의 결정권을 맡긴다는거요?

당연히 어떤 형태든 참정권 확대에는 반대였겠지.

여성에게도 투표권을!

대서양 건너편 미국에서는 자수성가한 사람들을 높이 평가하였지만,

운이 좋아 아버지 잘 만난 자들에게 어떻게 일을 맡겨?

프랑스인들은 지구상에서 가장 통치하기 어려운 국민이다.

빅토리아시대의 영국인들에게 지도자란 어릴 때부터 자연스럽게 리더쉽을 익힌 자라야 했다.

이렇게 귀족들이 통치하고 있었지만 확실한 것은 빅토리아시대의 영국인들이 자기 나라가 이 세상에서 가장 이상적으로 통치되고 있는 나라라는 자부심을 가지고 있었다는 사실이다.

이 점에서 언제나 혁명으로 넘쳐나는 동시대의 프랑스와는 대조적인 나라였다.

후에 프랑스의 귀족 출신이었던 드골이 이런 말을 한 적이 있지.

ChapterII. 여름의 마지막 장미

고대 그리스에서 국가적 영웅에게 계수나무 잎으로 장식한 화관을 씌우던 풍습이 있었다. 이걸 되살려 국가가 시인 한 명을 지명하여 기억할만한 국가적 이벤트가 있을 때 시를 짓도록 의뢰하는 제도를 만들었으니 이를 계관시인이라고 한다.

계관시인은 일반적으로 한 시기에 한 명만 존재한다. 즉, 계관시인이 죽어야 다음 계관시인을 지명할 수 있는 것이지. 영국에서는 수상의 추천을 받아 국왕이 임명하는 식으로 계관시인을 추대했다.

빅토리아시대에는 어떤 사람들이 계관시인으로 추대되었을까?

하늘의 무지개를 볼 때 내마음은 뛰노라...
아이는 어른의 아버지...라거나
초원의 빛이여, 꽃의 영광이여...
이런 싯귀절을
들어보았을거다.

이런 서정시들을 남긴 윌리엄 워즈워스가 1843년에 계관시인의 자리에 올랐다가 1850년에 죽었고,

William Wordsworth
(1770~1850)

그 뒤를 이어 1850년부터 1892년까지 무려 42년동안 알프레드 테니슨이 계관시인의 자리를 장기집권하였는데,

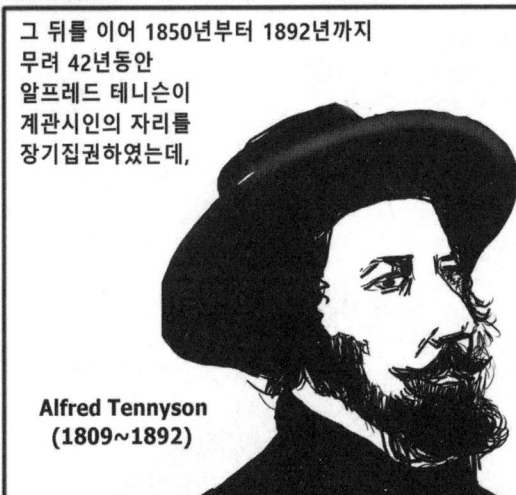

Alfred Tennyson
(1809~1892)

테니슨이 죽고나서 몇년 동안이나 계관시인의 자리를 비워놓고 뜸을 들이는 바람에 시 깨나 쓴다는 사람들은 전부 목을 빼고 새 계관시인의 지명을 기다리고 있었다.
요즘도 노벨상 시즌만 되면 바람을 잡듯 말이다.

ChapterII. 여름의 마지막 장미

자기들끼리 모이는 클럽이나, 경마장 귀빈실이나, 국회도서관 휴게실 같은 곳에서 귀족들만의 네트워크가 형성되고 이 네트워크를 통해 정보를 교환하고, 소문을 퍼나르고, 종종 은밀한 대화 속에서 다음 장관을 비공식적으로 결정하기도 했다. 귀족사회의 바깥에서 온 사람은 대단한 소외감을 느껴 버티지 못할 정도였다.

그런데 수단원정군의 사령관이 평민 출신이었는데 보통 깐깐한 사람이 아니었다.
후에 1차 세계대전을 영국의 국방장관으로 지휘했고 이런 류의 모병포스터의 원조 모델인 군인 중의 군인, 허버트 키치너 장군이었다.

Herbert Kitchener (1850~1916)

조국이 당신을 부른다!

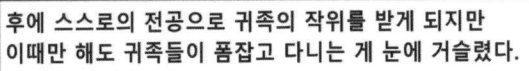

Chapter II. 여름의 마지막 장미

솔스베리경은 빅토리아 여왕 치하에서 세번이나 수상직을 맡았는데 여왕과 솔스베리 수상은 서로 존경하는 관계를 유지했다.
190cm가 넘는 장신인 솔스베리경은 평생 다리 관절에 통증을 달고 살았고 여왕은 이걸 알고 있었다. 솔스베리경에게만 특권을 주었다.

"솔스베리경은 내 앞에서 앉아도 됩니다."

"황송하옵니다."

마지막 수상직은 스스로 사임하였는데 그 전해에 여왕이 죽고 나서 1년 동안 마지막 정리를 하고 떠난 것이다.

여왕은 스스로가 19세기의 인물임을 증명이라도 하듯 20세기가 시작하고 3주만에 세상을 떠났고

1901년 1월 22일

솔스베리경은 그 다음해 수상직을 은퇴하고 또 그 다음 해인 1903년에 눈을 감았다.

이로써 19세기가 끝나고 영국의 빅토리아시대도 그 막을 내리게 된다.

그리고 이 시대를 상징하는 오만하면서도 자신에 찬 빅토리아시대의 외교정책, 그 누구와도 동맹을 맺지 않고 대영제국 홀로 세계를 상대하겠다던 '찬란한 고립'의 시대도 막을 내리게 된다.

빅토리아여왕이 세상을 떠난 후 아들 에드워드 7세가 뒤를 이었는데 이 2대의 통치시대를 묶어
빅토리아-에드워드시대라고 하는 대영제국의 최전성기로 통칭한다. 시기적으로 벨르 에뽀끄의
시대와 거의 일치한다.

헌데 솔스베리경이 수상직을 사임하면서 후임으로
천거한 사람이 다름 아닌 아서 발포어였다.
쉽게 말해서 조카에게 에드워드 시대의 첫 수상직을
물려준 것이지.

하지만 이걸 두고 족벌주의라고 비난하는 사람은
아무도 없었다.

내 조카라서가 아니라
아서보다 더 똑똑한
수상깜이 있으면
데리고 나와 보시라니까.

에드워드 7세와 그의 첫 수상 아서 발포어의
20세기 이야기는 조금 뒤로 미루고
솔스베리경과 19세기 빅토리아 시대의
귀족 이야기를 마저 하기로 한다.

솔스베리경에게는
기벽이 있었다.

ChapterⅡ. 여름의 마지막 장미

친어머니를 일찍 여의고 박정한 부친 밑에서 자라나 정서가 불안했는지 다리를 떠는 습관으로 악명이 높았다.

특히 의회에서 발언이 지루하다 싶으면 여지없이 다리떨기가 시작되었다.

"6척장신이 다리를 떠니 지진이 난 것 같았죠."

일단 시작되면 한시간 이상 지속된 적이 많았단다.

"야당의 발언을 방해하려는 작전이 아니었을까요?"

이런 경망스러운 버릇은 작은 예에 불과하고 솔스베리경은 영국 귀족사회의 대표적인 인물이면서도 전형적인 귀족과 거리가 먼 특이한 점을 몇가지 가지고 있었다.

 공부 밖에 모를 것 같은 전형적 학자풍의 교수님,

 전형적인 도사풍의 동양철학자.

용맹이 뚝뚝 흐르는 인상의 전형적인 군인.

실제로 겪어보면 이런 전형적인 인물들의 내면이나 실력이 외양적인 이미지에 한참 못미치는 경우가 많다. 진짜배기들은 자신감 때문에 전형적 이미지를 연출하는 노력을 소홀히 하기 때문이리라. 솔스베리 경이 그랬다. 그는 도무지 귀족다운 겉모습을 가꾸는데 관심이 없었다.

"팔꿈치가 헤어졌는뎁쇼."

"검은 옷이라 잘 안 보일거야."

당대의 영국 귀족 중 최고의 멋쟁이는 리블스데일경이었다.

존 싱거 사전트는 미국인 화가로서 당대의 귀족이나 부유한 가문의 인물화를 전문으로 한 유명한 초상화가이다.
사전트가 그린 리블스데일경의 초상화가 남아있는데 흠잡을 데 없는 옷매무새에 말채찍을 들고 있는 모습이 위풍당당하다.

이 그림을 빠리에서 전시할 때 리블스데일경이 전시회장에 직접 나타나서 완전 아이돌 대접을 받았다지.

리블스데일경 초상

저 사람이 그 사람이래.

어머, 진짜 영국귀족처럼 생겼어.

리블스데일경의 정반대가 솔스베리경이었을걸. 외모에 신경을 쓰지 않는다는건 그렇다 치자.

수염 관리만은 열심히 했다구.

솔스베리경에게는 결정적으로 영국 귀족답지 않은 점이 있었으니 말을 별로 좋아하지 않았다는 것이다.

뭐라구? 말을 안 좋아해?

말에 열광하지 않고 승마를 좋아하지 않는다.
이건 영국 귀족으로서 대단히 이상한 인간으로 취급받을 일이었다. 솔스베리경이 학창시절에 왕따 당했던 것도 이해가 갈 정도로.

유럽, 특히 영국의 귀족에게 말이란 떼려야 뗄 수 없는 문화이고 역사였다.

ChapterII. 여름의 마지막 장미

얘기가 길어지더라도 빅토리아 에드워드 시대의 말 이야기를 건너 뛸 수가 없다. 영국 귀족의 말에 대한 집착은 거의 신앙의 수준이었고 유럽 전체 귀족의 말 문화를 이끌었다.

귀족은 말을 타고 평민은 걷거나 수레를 타는거야.

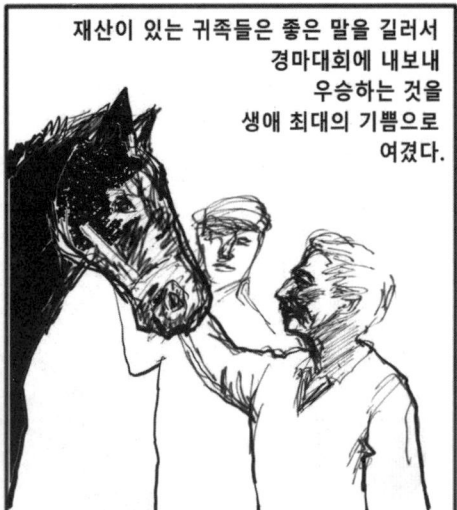

재산이 있는 귀족들은 좋은 말을 길러서 경마대회에 내보내 우승하는 것을 생애 최대의 기쁨으로 여겼다.

영국의 경마대회는 **The Derby**라고 부르는데 자기네들이 원조니까 뭐 따로 이름을 붙일 필요 없다 이거지.
영국에서 열리는 골프 메이저대회를 **British Open**이라고 부르지 않고 그냥 **The Open** 이렇게 부르는 식이다.

자유당 출신으로 수상 재직중인 1894년 더비에 우승한 로즈베리경이 받은 축전의 문구가 유명하다.

Only heaven left!
수상의 지위에 오른데다 자기 말이 더비 우승까지 했으니 지상에서 이룰 일은 다 이루었다 이런 뜻이겠지.

에드워드 7세는 왕세자 때 한번 우승하고 왕위에 있는 동안 또 우승하는 기쁨을 누렸다.

오늘 내가 다 쏜다!

최고의 품종으로 종마를 구하여 이를 금이냐 옥이야 길러
번식시키고, 거대한 마굿간을 짓고,
전문가들을 고용하여 훈련시키는 일은
귀족 중에서도 대단한 재산가들만이
할 수 있는 일이었다.
요즘 몇억 정도하는 스포츠카를
몰고 다니며 우쭐해하는 걸 보면
아마 우습다 할 걸.
이런 전통이 남아서
지금도 차에 애마라는 표현을
쓰지 않는가?

요즘도 비싼 차를 사면 공을 들여서 튜닝도 하고
이것 저것 붙여서 장식하는 풍습이 있지만
당시에 귀족들이 말과 마차를 치장하는 데에
비기겠는가?
그래서 역사가 오래된 사치품 회사들은 이런 식으로
그 흔적이 로고에 남아있다.
마구나 말장식을 만들던 회사란 얘기다.

여기서 잔소리 한마디.
이런 상품들을 명품이라고 부르는 습관을 하루빨리
없애야 한다.

유럽이나 미국에서는 그저
사치품(Luxury Goods)라고 부르며
돈이 남아도는 사람들 아니라면
멋쟁이들도 이들 상표에 목매지 않는다.
아시아에서만 명품으로 부르며 줄을 서는
바람에 이들에게 호구 취급을 당하고
있다는 사실을 명심했으면 좋겠다.

또 하나, 이런 역사가 있어서
승마를 귀족 스포츠라고 하는건데
우리나라에서는 돈은 있고
공부는 안되는 아이들이
가장 경쟁률이
약한 종목으로
학벌 간판을 따는데
이용하다 보니
천민 스포츠로
전락하고
말았다는 것.

부모
잘 만나는 것도
실력이라니깐.

ChapterⅡ. 여름의 마지막 장미

두둥~

영국 귀족들에게는 승마와 경마 외에 말과 관련된 스포츠가 하나 더 있었으니,

바로 여우 사냥이다.
지금은 오직 인간의 쾌락을 위해 야생동물을 희생시킨다는 비난 때문에 대놓고 못하지만 당시에는 그런 개념이 없었다. 귀족들이 열광하는 최고의 스포츠였지. 솔스베리경 같은 사람만 빼고.

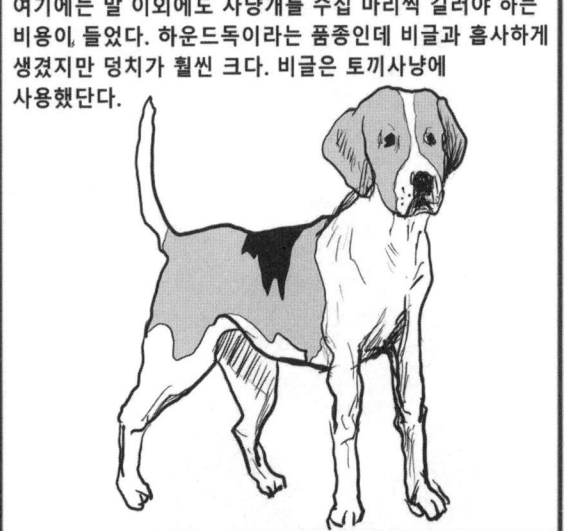

여기에는 말 이외에도 사냥개를 수십 마리씩 길러야 하는 비용이 들었다. 하운드독이라는 품종인데 비글과 흡사하게 생겼지만 덩치가 훨씬 크다. 비글은 토끼사냥에 사용했단다.

이슬 맺힌 새벽 들판에 사냥 나팔이 울릴 때 솟구치는 아드레날린의 기억을 못 잊어 다음 사냥 날짜만 기다리게 되었다.

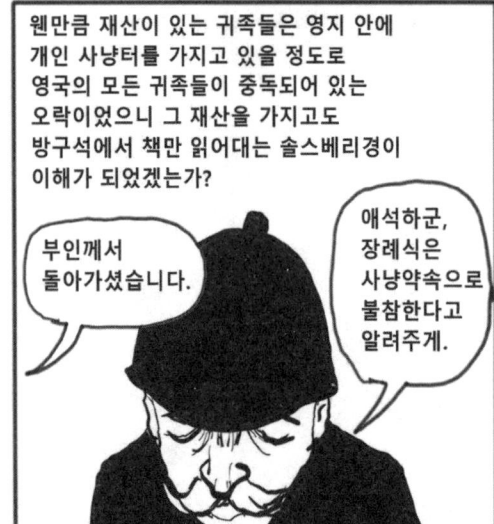

웬만큼 재산이 있는 귀족들은 영지 안에 개인 사냥터를 가지고 있을 정도로 영국의 모든 귀족들이 중독되어 있는 오락이었으니 그 재산을 가지고도 방구석에서 책만 읽어대는 솔스베리경이 이해가 되었겠는가?

부인께서 돌아가셨습니다.

애석하군, 장례식은 사냥약속으로 불참한다고 알려주게.

요즘 칸트리클럽이라면 골프장으로 생각하지만 원래는 승마가 우선이고 골프는 더부살이를 했던 곳이다.

빨리 좀 지나가지...

말발굽 자국 땜에 미쳐.

ChapterII. 여름의 마지막 장미

처음 말 등에 올랐던 그 기억을 평생 잊지 못하고

젊어서 펄펄 날다가,

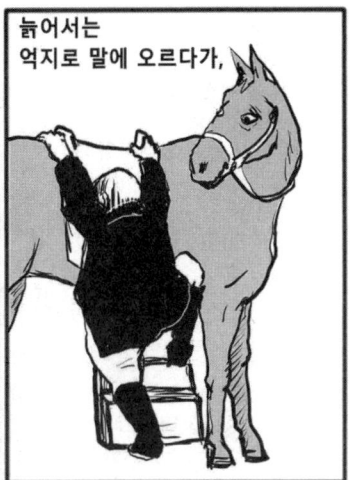

늙어서는 억지로 말에 오르다가,

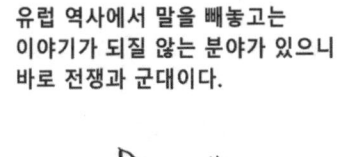

그땐 펄펄 날았었는데...

그마저도 안되면 죽을 날만 기다리는 게 영국 귀족의 일생이었다.

유럽 역사에서 말을 빼놓고는 이야기가 되질 않는 분야가 있으니 바로 전쟁과 군대이다.

1532년 세계사에 믿을 수 없는 사건이 일어났다. 스페인의 군인 피사로가 이끄는 단 160명의 군대가 수만명의 군대로 둘러싸인 남미 최대의 제국인 잉카제국의 왕 아타우알파를 생포한 것이다.

도대체 어떻게 그런 일이 가능했을까? 갑옷의 차이, 무기의 차이가 있었지만 무엇보다도 결정적인 역할을 한 것은 50명의 기마병의 파괴력이었다.

프란치스코 피사로
(1471?~1541)

미국의 서부개척시대 영화를 보면 아메리칸 인디언들이 말을 타고 기병대를 습격하는 장면이 자주 등장해서 이들이 원래부터 말을 잘 다룬 것 처럼 착각하지만 사실 아메리카대륙에는 말이 서식하지 않았었다.

유럽인들이 들어온 후에야 아메리카 대륙의 말의 역사가 시작된 것이다.

그러니 말에 올라탄 기병을 처음 접해본 잉카 전사들은 압도되고 말았다.

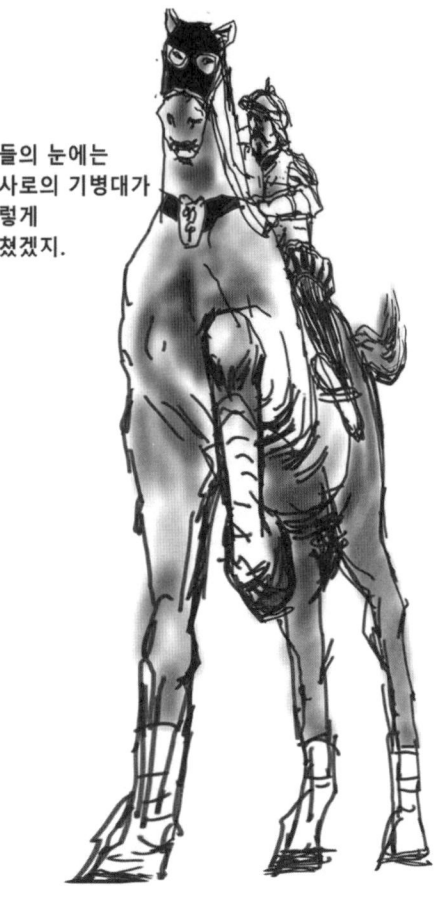

그들의 눈에는 피사로의 기병대가 이렇게 비쳤겠지.

19세기의 군대에서 기병대는 최고의 엘리트 병과였고 소설에 등장하는 멋쟁이 역할로는 기병장교가 단골이었지.

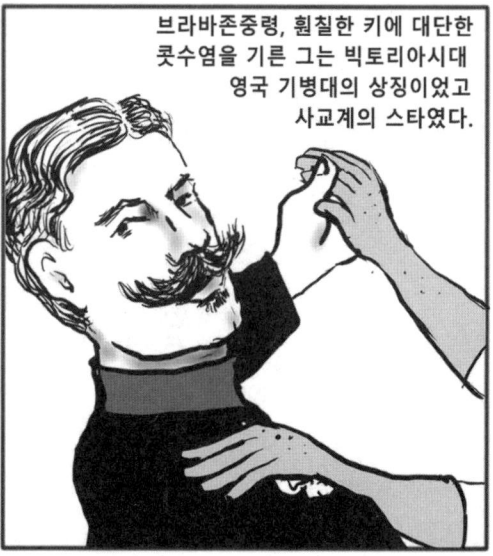

브라바존중령, 훤칠한 키에 대단한 콧수염을 기른 그는 빅토리아시대 영국 기병대의 상징이었고 사교계의 스타였다.

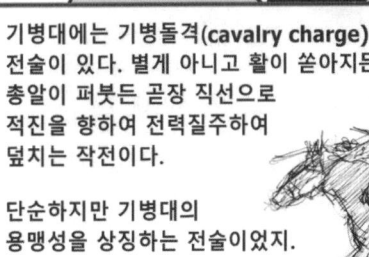

기병대가 전투의 주력에서 사라지게 된 것은 세계 제1차대전에서 기관총이 실전에 쓰이면서부터이다. 분당 수백발 발사되는 기관총 앞에서 기병돌격은 추풍낙엽이었거든.

말이 인류의 전투에 동원되기 시작한 것은 기원전 4천년 경이라고 한다.

그러니 무려 6천년 동안 말은 인간의 전쟁 그 중심에 있었던 셈이다.

벨르 에뽀끄 시대는 기병의 마지막 시대였고 브라바존은 낭만적 용맹을 자랑하는 19세기 기병의 마지막 세대였다.

솔스버리경의 뒤를 이어 수상에 오른 그의 조카 아서 발포어는 버킹검궁에 마차가 아닌 자동차로 입장한 최초의 영국총리가 되었다.

삼촌, 조카 사이에 총리직을 주고 받아도 별 말을 못할 정도로 과연 아서 발포어는 똑똑했다. 잘생긴 얼굴에 교만함이 살짝 배어나와 오히려 매력적이었다.

로스차일드 가문의 딸인 배터시 부인이 그를 만나고 나서 평한 말이 있다.

그(발포어)와 다른 남자들 사이에 놓인 간격이 얼마나 큰지 모르겠어요.

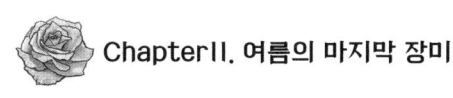

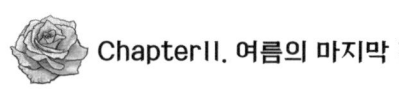

ChapterII. 여름의 마지막 장미

그런데 아서 발포어가 세계사에 자기 이름을 영원히 새긴 사건은 오랜 후에 일어난다.
바로 '발포어 선언'

영국은 총리를 지낸 사람이 다시 장관직을 수행하기도 하는 나라다. 그가 일흔이 다 되어 외무장관을 지낼 때의 일이다.

발포어선언이란게 뭔가?
1917년 2월 아서 발포어가 로스차일드 2대 남작 월터 로스차일드에게 보낸 간단한 한 장의 편지가 바로 그것이다.

그 가운데서도 67개의 단어로 이루어진 이 한 단락을 발포어선언이라고 부른다.

(출처 : 위키피디아)

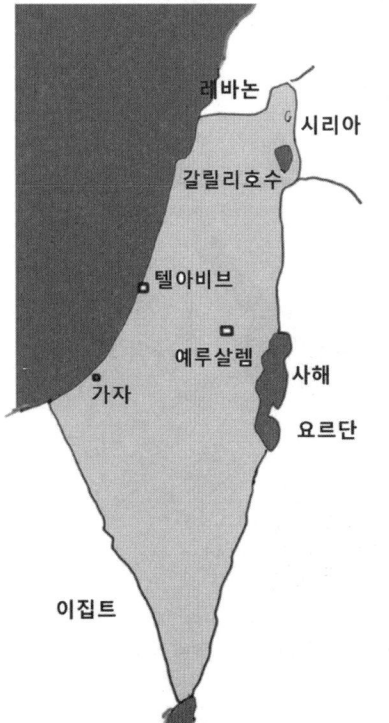

핵심은 영국이 '시오니즘'을 지원하겠다는 약속이다.
시오니즘(Zionism)이란 또 뭔가?
유태인들은 오랜 역사를 통하여 정복자들에게 박해를 받고 자기 땅에서 추방되어 세계 곳곳으로 흩어져 살게 되었다. 이 흩어진 민족이 신이 자기들에게 약속한 땅 가나안으로 돌아가서 유태인들의 나라를 세워야 한다는 주장이 바로 시오니즘이다.

문제는 그 가나안이란 땅에서 팔레스타인 사람들이 무려 수천년동안 터전을 잡고 잘 살고 있었다는거지.

발포어, 판도라의 상자를 연거다.

ChapterⅡ. 여름의 마지막 장미

생각해 보라, 조상 대대로 붙박이로 살고 있었는데 어느날 갑자기 이제 네 땅이 아니라고 하고 낯선 사람에게 비켜줘야 하니 딴 데 가서 살라고 한다면, 그러면서 수천년 전의 문서를 내민다면 어떤 기분일까?

더구나 당시에 영국은 1차 세계대전 중으로서 팔레스타인 땅에 아무런 권리도 없을 때였다. 이 점이 마음에 걸렸는지 식민지인 우간다를 제안하기도 했단다.

"그냥 우간다에 가서 살면 안되겠소?"

"발포어경, 신이 우리에게 약속한 땅이 아니면 아무런 의미가 없소."

발포어선언과, 이스라엘 건국과, 팔레스타인의 투쟁의 역사를 이야기 하려면 또 다른 책이 필요하다. 여기서 그 이야기를 하려는게 아니다. 다만 한 나라가 자기 것도 아닌 땅을 제3자에게 떼어줄 생각을 할 만큼 빅토리아-에드워드 시대를 살았던 영국의 귀족 엘리트들은 자기들을 세상의 중심에 놓고 모든 생각을 했다는거지.

아서 발포어가 이 일을 혼자만의 의견으로 하지는 않았지만 그 개인의 종교적 성향이 상당한 영향을 끼친 것은 분명하다. 그는 삼촌처럼 종교에 경건한 태도를 가지고 있었고 항상 이런 생각을 가지고 있었다.

"우리 기독교인들은 유태교에 많은 빚을 지고 있습니다. 기독교의 모태가 유태교인데도 끊임없이 박해를 했죠."

아서 발포어는 삼촌인 솔스베리경처럼 진지하고 경건한 사람이었다. 아마도 여자 친구는 있었겠지? 하지만 평생을 독신으로 살면서 뭇 여성의 흠모를 받으면서도 스캔들 한번 내지 않았다.

하지만 빅토리아-에드워드 시대가 그렇게 경건하기만 하고 재미없던 시대는 아니었다. 여기 이 시대의 탑클래스 난봉꾼을 소개하면서 이 장을 마무리하려고 한다. 다름아닌 에드워드 7세이다.

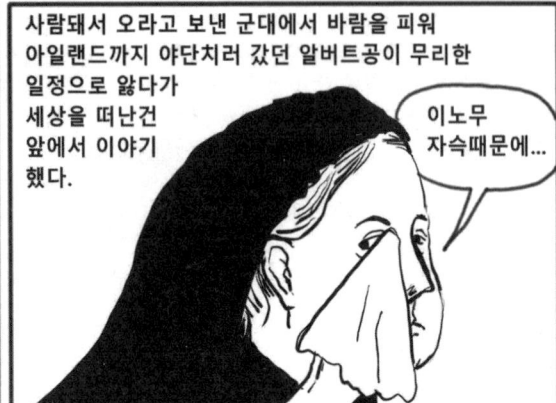

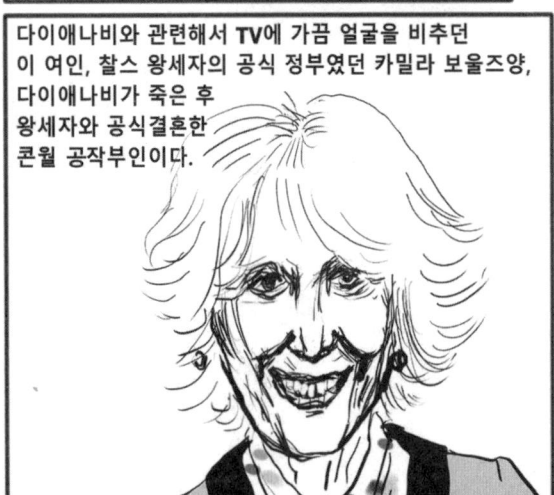

Chapter II. 여름의 마지막 장미

당대의 인기여배우 릴리 랭트리.

영국에서 제일 예쁜 유부녀로 일컬어지던 워익부인, 데이지라는 애칭으로 더 유명했다.

이 여인은 얽힌 사연이 많아 잠시 후 다시 돌아와야 한다.

이 정도는 사회 명사들인거고 이런 여배우나 귀부인들 말고도 여염집 처녀, 직업여성, 동네 유부녀, 상대를 가리지 않았다.
이 점에서 루이 나폴레옹과 닮았는데,

오랜만에 출연하는군.

그래서인지 왕세자 버티는 프랑스를 좋아해서 툭하면 도버해협을 건넜다. 그곳에서 도박도 하고,

정치가 친구들도 사귀었지만,

아 보트르 쌍떼!

언제나 본업은 플레이보이 사업이었다.

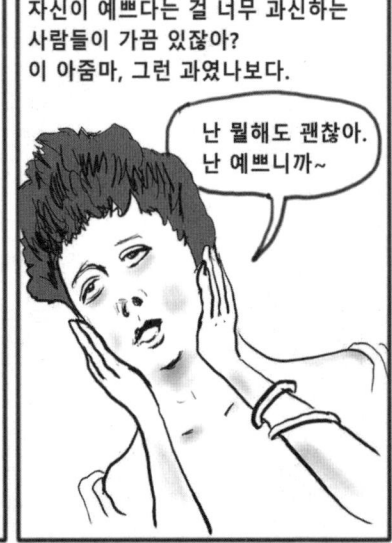

ChapterII. 여름의 마지막 장미

원래 이름은 프랜시스 메이나드, 집에서는 데이지로 불렸는데 귀족인 그래빌 가문으로 시집을 가서 워윅 공작부인이라는 칭호를 얻었다. 그래빌 집안이 워윅 공작의 작위를 가지고 있었거든.

"귀족들은 다들 무슨 이름이 몇개씩이나 되는지, 헷갈려요."

그때만 하더라도 유럽의 귀족사회에서 바람 피는 걸 가지고는 크게 뭐라지 않는 분위기였다. 19세기의 이런 풍습이 일본을 통해 들어와서 우리 정치가나 사업가들도 이런 소리를 하곤 하는데 대단히 시대착오적인 인간들이지.

"원래 배꼽 아래 일은 모른 척 해주는거요."

이 아줌마 사교계의 스타로서 바람을 피고 다니는건 당시 풍습으로 못 본 척 해줬는데 문제는 바람 피운 얘기를 동네방네 떠들고 다녔다는 것.

"말도 마세요, 도날드 백작은 키스할 때 입냄새가 너무 난다니까."

찰스 베레스포드 경과 눈이 맞았다. 군인이었던 이 남자도 대단한 바람둥이였던지 이런 별명을 가지고 있었다.

숙녀킬러
(Serial lady killer)

부인이 별로 예쁘지는 못했나보다. 대단한 재산가라서 베레스포드경이 어쩔 수 없이 모시고 산다는 소문이 돌았다.

"내가 바로 당신 남편 애인이에요. 우린 사랑하는 사이라구요. 더 이상 잔소리하면서 중간에서 걸리적거리면 아예 도망가서 딴 살림 차릴테니까 조신하게 굴라구요!"

막장 드라마는 이렇게 시작되었다. 베레스포드 집안에서 열린 파티 도중에 워윅부인이 베레스포드 부인의 침실로 올라가 그 예쁜 얼굴로 호통을 친거지.

ChapterII. 여름의 마지막 장미

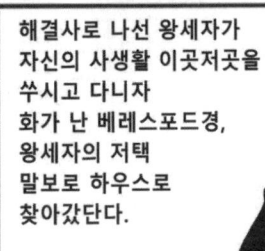

프랜시스 그레빌,
5대 워웍공작

알렉산드라 왕비

정부(mistress)라는게 흔하던 시절이다.
지금 우리로서는 이해하기 힘든게
워윅부인과 남편 워윅공작의 부부사이
금슬이 좋았다는거다.
아이들 다섯 중에 둘은 남편의 아이가
아니라는게 정설이고 부인의 스캔들을
모를 리 없었건만 1924년에 워윅공작이
죽을 때까지 해로하였다.

그건 나이 열아홉에 덴마크에서 시집 온
왕세자비도 마찬가지였다.
왕가의 보전을 위해서 에드워드 7세의
난봉끼를 모른 척 해주었다.

에드워드 7세와 워윅부인은 연인관계가 끝난 후에도
친구로 지냈단다. 왕은 여자문제가 생기면 워윅부인의 집을
방문해서 상담을 했다지.

이번 여자 친구는 다 좋은데
잘 씻지 않아서 고민이야.

누군지 알려주면 내가
넌지시 얘기해주죠.

그러나 아아, 슬프다.
세월의 가차 없는
칼날은 워윅부인도
피할 수 없었다.
젊음의 미모는
피부 한 장의
두께인 것.

그대와 내가 젊었을 때의
삐걱대는 물레방아는 여전하지만, 매기.
데이지꽃이 제일 먼저 피던
동산 수풀은 없어졌소, 매기.
-When you and I were young,
 Maggie (매기의 추억)
 George W. Johnson

슬프게도 데이지는 너무 오래 살았다.
젊은 시절의 미모는 빛을 잃었고
사치에 익숙한 생활을 버릴 수 없었던지라
항상 돈에 쪼들렸다.

후견인 노릇을 했던 에드워드 7세가
1910년에 죽고
남편 워윅공작 마저 1924년에 죽고 나자
더욱 생활이 곤궁해졌다.

ChapterII. 여름의 마지막 장미

하지만 그에게는 빅토리아여왕이 전혀 생각지 못했던 장점이 있었다.
유럽 최대의 마당발이라는 것.
놀기 좋아하고 심각한 고민하기 싫어하는 성격이 만나는 사람들을
편하게 해주었겠지.
이웃나라 정치가들이나 왕족 입장에서도
에드워드 7세를 똑똑하다고 생각하지 않았기
때문에 별 경계없이 그를 받아들일 수 있었다.

거기에 한 가지 더, 수많은 자기 형제자매들이
유럽왕가에 퍼져 있어서 웬만하면 다 친척관계로
연결되었거든.
에드워드 7세의 별명 가운데 하나가 '유럽의 삼촌'일
정도였으니까.

여기서 19세기말, 20세기초의 유럽의 왕족들 사이의 혈연관계를 잠시 정리해보자.
세세한 친척관계를 다 따지자면 한이 없을 정도로 유럽의 왕가는 서로 결혼을 통하여 얽혀져 있다.
여기서는 독일의 호헨쫄레른왕가와 영국의 윈저왕가, 러시아의 로마노프왕가의 친척관계만 정리했다.

보다시피 독일황제 빌헬름 2세와 러시아제국의 짜르 니콜라스2세 모두에게 에드워드7세는 숙부가 된다.
즉 영국의 죠지5세에게는 빌헬름2세가 고모의 아들, 니콜라스2세가 이모의 아들로서 사촌 사이가 되는거지.
제1차 세계대전은 이 3명의 사촌형제들과 오스트리아를 통치하던 합스부르크왕가가 얽혀서 벌어진 전쟁이다.
사촌끼리 동맹을 맺기도 하고 총부리를 들이대기도 하였다. 이 이야기는 나중에 세계대전의 발발을
이야기하면서 이어질 터이다.

ChapterII. 여름의 마지막 장미

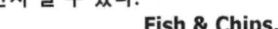

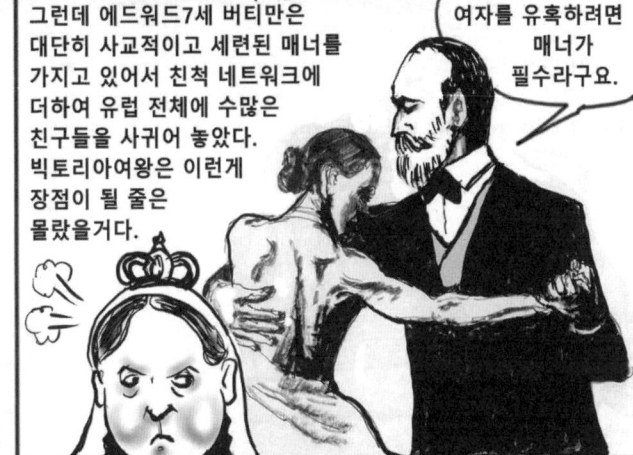

ChapterII. 여름의 마지막 장미

이 때가 영국인들의 노스텔지어의 시대, 대영제국의 전성기, 빅토리아-에드워드 시대였다.
대영제국의 깃발아래 전세계 육지의 4분의 1, 전세계 인구의 4분의 1에 가까운 백성을 통치했던 시대였다.
빅토리아여왕은 1901년에 죽어 19세기를 마감했고 방탕한 젊은 시절을 보내고 엄청난 애연가였던 에드워드 7세는 노년에 숱한 병에 시달리다 1910년 5월에 눈을 감았다.
런던에 장미꽃이 한창 피어나는 계절에 빅토리아-에드워드 시대가 막을 내린 것은 아이로니칼한 일이다.

이로써 영국의 벨르 에뽀끄, 아름다운 시대라고 할 수 있는 빅토리아-에드워드 시대는 역사의 뒤로 사라진다.
왕족과 귀족과 여우사냥과 샹들리에와 무도회의 시대가 저물게되는 것이다.

이런 유명한 아일랜드 노래가 있다. 원래 있던 곡에 여름의 마지막 장미(**The lasr rose of summer**)라는 제목으로 시인 토마스 무어가 가사를 붙였는데
이 노래를 들으면 마치 빅토리아-에드워드시대가 막을 내리는 그 시절을 이야기하는 것만 같다.

'Tis the last rose of summer
Left blooming alone
All her lovely companions
Are faded and gone
No flower of her kindred
No rosebud is nigh
To reflect her blushes
Or give sigh for sigh

이것은 홀로 남은
여름의 마지막 장미
사랑스런 친구들은 모두
시들어 사라졌네
한창 때의 붉음을 기억하고
함께 한숨을 쉬어줄
동무 꽃들도
새 꽃봉우리도 보이지 않네 (후략)

영국 뿐이 아니었다. 유럽 전체의 좋았던 시대는 끝나가고 있었다.
아뽈리네르가 미라보 다리 위에서 예감했던대로 그들의 벨르 에뽀끄는 막을 내리고 있었다.
끔찍한 전쟁이 다가오고 있었기 때문이다.
독일의 국가주의와 빌헬름2세의 허영과, 프랑스의 호전성과, 이 모든 것이 어우러져 전쟁의 구름을 몰고왔고
1914년 운명의 6월에 사라예보에서 울린 한발의 총성이 이 모든 것을 끝내버렸다.

대서양 건너에서 영국을 능가하는 신흥 산업세력, 해양세력인 미국이 부상하고 유니온 잭은 석양을 맞았다.
그리고 전쟁의 주인공이었던 호헨쫄레른 왕가, 합스부르그 왕가는 이 전쟁으로 역사에서 사라지게 된다.
오직 영국의 왕족만 원저 왕가로 남아 그 명맥을 유지하고 있다.

이 이야기의 끝에 우리는 이 모든 것을 끝낸 1914년의 여름으로 돌아갈 것이다.

제2권 마침.

제3권(완결편) 예고
(2019년 12월 20일 출간 예정)

20세기에 들어서면서 아시아는 들끓었다. 중국에서 의화단이라는 젊은이들이 맨주먹으로 일어났으나 제국 열강의 군대에 무참하게 진압되었다.

같은 시기 빠리에서 유럽의 젊은이들이 평화의 올림픽을 하고 있는 동안의 일이었다. 신흥제국 일본은 청과 러시아를 차례로 꺾고 지금도 그들이 아스라이 추억하는 '아름다운 시대'를 만들면서 조선은 치욕을 겪는다.

몽마르트르 빈민촌에서는 무명의 스페인 청년이 미술사의 대반란을 준비하고 있었으니 바로 파블로 피카소이다.

산업혁명과 자본주의 발전으로 주체할 수 없는 힘을 키운 유럽 제국은 일찍이 겪어보지 못한 비참한 전쟁을 일으켰으니 세월이 흘러 우리는 '제1차 세계대전'이라고 부른다. 이 전란의 와중에 러시아에서 혁명이 일어나 로마노프 왕가는 비참한 종말을 맞으며 '라 벨르 에뽀끄'는 막을 내린다. 그리고 그 이후의 세상은 더 이상 예전과 같지 않았다.